京华通览

西山永定河文化带

主编／段柄仁

圆明园

张超／著

北京出版集团公司
北京出版社

图书在版编目（CIP）数据

圆明园 / 张超著. — 北京：北京出版社，2018.8
（京华通览/段柄仁主编）
ISBN 978-7-200-13852-8

Ⅰ.①圆… Ⅱ.①陈… Ⅲ.①圆明园—介绍 Ⅳ.①K928.73

中国版本图书馆 CIP 数据核字（2018）第 017248 号

出版人	曲　仲
策　划	安　东　于　虹
项目统筹	董拯民　孙　菁
责任编辑	董拯民　沈　方
封面设计	田　晗
版式设计	云伊若水
责任印制	燕雨萌

"京华通览"丛书在出版过程中，使用了部分出版物及网站的图片资料，在此谨向有关资料的提供者致以衷心的感谢。因部分图片的作者难以联系，敬请本丛书所用图片的版权所有者与北京出版集团公司联系。

京华通览
圆明园
YUANMING YUAN
张超　著

*

北京出版集团公司
北京出版社　出版
（北京北三环中路 6 号）
邮政编码：100120

网　址：www.bph.com.cn
北京出版集团公司总发行
新　华　书　店　经　销
天津画中画印刷有限公司印刷

*

880 毫米 ×1230 毫米　32 开本　8.125 印张　167 千字
2018 年 8 月第 1 版　2022 年 11 月第 3 次印刷
ISBN 978-7-200-13852-8
定价：45.00 元

如有印装质量问题，由本社负责调换
质量监督电话：010-58572393

《京华通览》编纂委员会

主　任　段柄仁
副主任　陈　玲　曲　仲
成　员　(按姓氏笔画排序)
　　　　于　虹　王来水　安　东　运子微
　　　　杨良志　张恒彬　周　浩　侯宏兴
主　编　段柄仁
副主编　谭烈飞

《京华通览》编辑部

主　任　安　东
副主任　于　虹　董拯民
成　员　(按姓氏笔画排序)
　　　　王　岩　白　珍　孙　菁　李更鑫
　　　　潘惠楼

序一

PREFACE

擦亮北京"金名片"

段柄仁

北京是中华民族的一张"金名片"。"金"在何处？可以用四句话描述：历史悠久、山河壮美、文化璀璨、地位独特。

展开一点说，这个区域在70万年前就有远古人类生存聚集，是一处人类发祥之地。据考古发掘，在房山区周口店一带，出土远古居民的头盖骨，被定名为"北京人"。这个区域也是人类都市文明发育较早，影响广泛深远之地。据历史记载，早在3000年前，就形成了燕、蓟两个方国之都，之后又多次作为诸侯国都、割据势力之都；元代作为全国政治中心，修筑了雄伟壮丽、举世瞩目的元大都；明代以此为基础进行了改造重建，形成了今天北京城的大格局；清代仍以此为首都。北京作为大都会，其文明引领全国，影响世界，被国外专家称为"世界奇观""在地球表面上，人类最伟大的个体工程"。

北京人文的久远历史，生生不息的发展，与其山河壮美、宜生宜长的自然环境紧密相连。她坐落在华北大平原北缘，"左环沧海，右拥太行，南襟河济，北枕居庸""龙蟠虎踞，形势雄伟，南控江淮，北连朔漠"。是我国三大地理单元——华北大平原、东北大平原、蒙古高原的交汇之处，是南北通衢的纽带，东西连接的龙头，东北亚环渤海地区的中心。这块得天独厚的地域，不仅极具区位优势，而且环境宜人，气候温和，四季分明。在高山峻岭之下，有广阔的丘陵、缓坡和平川沃土，永定河、潮白河、拒马河、温榆河和蓟运河五大水系纵横交错，如血脉遍布大地，使其顺理成章地成为人类祖居、中华帝都、中华人民共和国首都。

这块风水宝地和久远的人文历史，催生并积聚了令人垂羡的灿烂文化。文物古迹星罗棋布，不少是人类文明的顶尖之作，已有1000余项被确定为文物保护单位。周口店遗址、明清皇宫、八达岭长城、天坛、颐和园、明清帝王陵和大运河被列入世界文化遗产名录，60余项被列为全国重点文物保护单位，220余项被列为市级文物保护单位，40片历史文化街区，加上环绕城市核心区的大运河文化带、长城文化带、西山永定河文化带和诸多的历史建筑、名镇名村、非物质文化遗产，以及数万种留存至今的历史典籍、志鉴档册、文物文化资料，《红楼梦》"京剧"等文学艺术明珠，早已成为传承历史文明、启迪人们智慧、滋养人们心灵的瑰宝。

中华人民共和国成立后，北京发生了深刻的变化。作为国家首都的独特地位，使这座古老的城市，成为全国现代化建设的领头雁。新的《北京城市总体规划（2016年—2035年）》的制定和中共中央、国务院的批复，确定了北京是全国政治中心、文化中心、国际交往中心、科技创新中心的性质和建设国际一流的和谐宜居之都的目标，大大增加了这块"金名片"的含金量。

伴随国际局势的深刻变化，世界经济重心已逐步向亚太地区转移，而亚太地区发展最快的是东北亚的环渤海地区、这块地区的京津冀地区，而北京正是这个地区的核心，建设以北京为核心的世界级城市群，已被列入实现"两个一百年"奋斗目标、中国梦的国家战略。这就又把北京推向了中国特色社会主义新时代谱写现代化新征程壮丽篇章的引领示范地位，也预示了这块热土必将更加辉煌的前景。

北京这张"金名片"，如何精心保护，细心擦拭，全面展示其风貌，尽力挖掘其能量，使之永续发展，永放光彩并更加明亮？这是摆在北京人面前的一项历史性使命，一项应自觉承担且不可替代的职责，需要做整体性、多方面的努力。但保护、擦拭、展示、挖掘的前提是对它的全面认识，只有认识，才会珍惜，才能热爱，才可能尽心尽力、尽职尽责，创造性完成这项释能放光的事业。而解决认识问题，必须做大量的基础文化建设和知识普及工作。近些年北京市有关部门在这方面做了大量工作，先后出版了《北京通史》（10卷本）、《北京百科全书》（20卷本），各类志书近900种，以及多种年鉴、专著和资料汇编，等等，为擦亮北京这张"金名片"做了可贵的基础性贡献。但是这些著述，大多是服务于专业单位、党政领导部门和教学科研人员。如何使其承载的知识进一步普及化、大众化，出版面向更大范围的群众的读物，是当前急需弥补的弱项。为此我们启动了《京华通览》系列丛书的编写，采取简约、通俗、方便阅读的方法，从有关北京历史文化的大量书籍资料中，特别是卷帙浩繁的地方志书中，精选当前广大群众需要的知识，尽可能满足北京人以及关注北京的国内外朋友进一步了解北京的历史与现状、性质与功能、特点与亮点的需求，以达到"知北京、爱北京，合力共建美好北京"的目的。

这套丛书的内容紧紧围绕北京是全国的政治、文化、国际交往和科技创新四个中心，涵盖北京的自然环境、经济、政治、文化、社会等各方面的知识，但重点是北京的深厚灿烂的文化。突出安排了"历史文化名城""西山永定河文化带""大运河文化带""长城文化带"四个系列内容。资料大部分是取自新编北京志并进行压缩、修订、补充、改编。也有从已出版的北京历史文化读物中优选改编和针对一些重要内容弥补缺失而专门组织的创作。作品的作者大多是在北京志书编纂中捉刀实干的骨干人物和在北京史志领域著述颇丰的知名专家。尹钧科、谭烈飞、吴文涛、张宝章、郗志群、姚安、马建农、王之鸿等，都有作品奉献。从这个意义上说，这套丛书中，不少作品也可称"大家小书"。

总之，擦亮北京"金名片"，就是使蕴藏于文明古都丰富多彩的优秀历史文化活起来，充满时代精神和首都特色的社会主义创新文化强起来，进一步展现其真善美，释放其精气神，提高其含金量。

2017 年 11 月

目录

CONTENTS

引　言 / 1

圆明肇建

京郊圣域 / 4

建园背景 / 9

　　经济稳定 / 9

　　文化兴盛 / 10

　　技艺成熟 / 10

　　皇帝重视 / 11

　　人才聚集 / 12

兴建过程 / 13

　　赐园时期（1707—1722）/ 13

　　雍正时期（1723—1735）/ 13

乾隆时期（1736—1795）/ 14

嘉庆时期（1796—1820）/ 16

道光时期（1821—1850）/ 17

咸丰时期（1851—1861）/ 17

五园之盛 / 18

万园之园

风物特征 / 20

规模宏大　气势磅礴 / 23

因水成景　烟水迷离 / 23

平地造园　借景西山 / 24

园中有园　万园之园 / 25

博采众长　融合创新 / 25

园林艺术 / 26

移天缩地 / 27

堆山叠石 / 27

巧妙理水 / 32

建筑奇观 / 37

植物景观 / 50

动物情趣 / 57

景观概览 / 60

前朝区 / 60

九州区 / 62

西北区 / 67

　　　　　　　　　福海区 / 85

　　　　　　　　　长春园 / 93

　　　　　　　　　西洋楼 / 99

　　　　　　　　　绮春园 / 108

文化大观 | 园林文化 / 112

　　　　　　　　　造园理念 / 112

　　　　　　　　　造景取材 / 115

　　　　　　　　　匾额楹联 / 119

　　　　　　　　宗教文化 / 125

　　　　　　　　　宗教景观 / 125

　　　　　　　　　宗教活动 / 129

　　　　　　　　文化收藏 / 134

　　　　　　　　　艺术珍品 / 134

　　　　　　　　　典籍书画 / 142

　　　　　　　　　流散文物 / 150

家国天下 | 皇帝的家 / 155

　　　　　　　　　皇帝长住 / 157

　　　　　　　　　女眷居所 / 160

　　　　　　　　　后妃生活 / 162

　　　　　　　　　皇子教育 / 167

　　　　　　　　　情景相融 / 169

国之中枢 / 172

　　政务设施 / 173

　　治国理政 / 180

万国来朝 / 185

　　满蒙一体 / 186

　　和睦朝鲜 / 187

　　中英接触 / 189

圆明浩劫

兵临城下 / 193

圆明浩劫 / 200

　　劫掠圆明园 / 200

　　火烧圆明园 / 205

圆明沧桑 / 216

　　光绪二十六年（1900）前的遗址 / 216

　　20世纪初的遗址 / 217

　　民国时期的遗址 / 218

　　中华人民共和国初期的遗址 / 220

　　"文化大革命"时期的遗址 / 221

　　"遗址"变迁史的启示 / 221

圆明新生

复兴之路 / 224

　　筚路蓝缕——遗址保护的起步

　　（1949—1976）/ 224

探索中前进——遗址公园的开辟

（1976—1988）/ 225

稳步发展——《圆明园遗址公园规划》的诞生

（1988—2000）/ 228

全面发展新模式——国家考古遗址公园

（2000—   ）/ 230

故园新貌 / 232

绮春园景区 / 234

长春园景区 / 236

西洋楼景区 / 237

福海景区 / 238

九州景区 / 239

西北景区 / 240

参考书目 / 241

后　记 / 243

引 言

"我们的土地还保留着曾经伟大的证据;直到今天,我们还与这些伟大的证据相邻而居。不仅是曾经伟大的证据,而且还是失去伟大的证据。"[①]圆明园就是这样的证据。具体来说,圆明园的历史具有多层次性,它是集古典园林艺术于一身的皇家园林;是清代皇室优游享乐的皇家宫苑;是纷纭复杂的清代历史的缩影;是中华民族近代屈辱史的象征;从美与美的毁灭来看,它也让我们真正领略了"悲剧"的内涵;同时它也启迪我们,考验我们如何审视文明废墟的底蕴与意涵,如何做好文化遗址的呵护、传承与创新。圆明园的价值是逐渐累积的,并不因它的厄运而有所消减,从最初的实用价值、审美价值到现在的文化价值、教育价值、

---

① 余秋雨:《游走废墟》,中国盲文出版社2007年11月版,第297页。

情感价值和生态价值，无不内含其中。圆明园是距离我们最近的300多年中国历史的一个缩影，既见证了中华民族的兴衰荣辱，也正在见证着中华民族的伟大复兴。

其实，当我们谈圆明园时，很多情况下都是一个笼统的概念，大体上包含了盛时圆明园、圆明园遗址和圆明园遗址公园三个历史阶段，由此也具有了三重属性。在不同的阶段，圆明园有不同的身份，因之也各有其独特的价值。盛时圆明园，是万园之园和一切造园艺术的典范，是清代堪与紫禁城比肩的政治中心，是一幅集中国传统文化之大成的、百科全书式的立体画卷。当时的圆明园在政治方面是清帝国的政治中枢；在园林方面汲取古今中外园林艺术精华；在建筑方面综合中国古建筑的几乎所有风格类型；在文化收藏方面可谓是国家博物馆和国家图书馆；在皇家生活方面是古代中国休闲娱乐及节庆民俗的展示基地；在生态方面是一座颇具规模的皇家动植物园。圆明园遗址，是外族入侵导致人类文明浩劫的指标案例，是西方列强压迫、奴役第三世界国家的有力证据，是中国近代屈辱史的象征，是指引中华民族知耻后勇、奋发图强的精神塔标，具有鲜明的警示意义。圆明园遗址公园，则是中国人民珍重和呵护人类文化遗产、呼唤和热爱和平的象征，是促进中外文化交流、体现中国文化软实力和弘扬优秀中华文化的重要阵地。

走近圆明园，我们会发现，圆明园绝不仅仅是一座皇家园林……而我们需要更多了解的可能恰恰是它"园林"之外的内涵。

圆明肇建

中国古代，皇帝是封建社会的最高统治者，拥有至高无上的权力。帝王们多数不满足皇宫中正规、拘谨的生活，常常选择在京城中或附近的山水秀美之地上建造园林。这种主要为皇帝及其家族服务的园林一般被称之为皇家园林，古籍上亦称之为苑囿，这是因为早期的皇家园林，主要是放养动物，以供帝王打猎娱乐，以后才逐步发展成处理政务、生活起居及游玩休憩相结合的园林。中国皇家园林历史悠久，起自公元前11世纪周文王建造的"灵囿"，止于清代的颐和园，其间各朝代均有建置，至清代达到极盛。

圆明园的兴起，既与中国几千年皇家园林传统有关，也与清代满族统治者自身的民族习惯密切相关。同时，圆明园也是清代康乾盛世的直接成果和有力象征。康乾盛世在政治、经济、文化等方面所取得的突出成就，海淀地区钟灵毓秀的山水和人文环境，历代清帝的热忱参与、规划设计，人才的规模性聚集，中西交流互动成果的有益补充，都为万园之园的诞生提供了必要的条件。一定意义上说，圆明园这颗东方文化艺术明珠，是天时、地利和人和相互作用的产物。

京郊圣域

多尔衮

清代是我国历史上最后一个封建王朝，定都北京之初，来自山海关外的满洲统治者囿于渔猎部落的习俗，很不习惯于北京的炎夏气候，曾有择地另建避暑宫城的拟议。多尔衮曾谕令户部加派九省地丁银249万两，"输京师备工用"。后因多尔衮病死，筑城避暑的计划被搁置起来。

同时由于开国之初,百废待兴,这种愿望一时也难以实现。

随时间推移,统治阶级上层对紫禁城的居住体验越来越不满意。当时的紫禁城尽管高贵华丽,但出于礼制的需要,布局平直,设计显得刻板。特别是皇帝和后妃,不可以随意外出活动。康熙初年,大内遭火灾,重修后的紫禁城,形成了许多封闭的院落,很不适宜居住。大内殿阁,结构谨严,没有林园风景之美,宫中人日久生厌,有"红墙绿瓦黑阴沟"之叹。慈禧就不喜欢大内生活,她说:"这里除了庞大的建筑物以外什么也没有,空得只有房子里的回声。虽然有个御花园,但是没有花,也没有温和的微风。这地方冷冰冰的,没有热情。"学者姜鸣形容得更加贴切:"紫禁城的建筑太单调呆板乏味,浸透着封建礼教和等级制度的威严。初来乍到的人,会被它巍峨连绵的殿宇群落所震慑:悠悠蓝天之下,黄瓦红墙、白石基座,额枋上青绿和金色基调的彩绘,与老北京城灰黑低矮的建筑群落产生强烈的反差对比。看多了,却无非是十五个庑殿式、八十多个歇山式、十来个攒尖式和一二百个硬山式屋顶的组合,几十个大大小小连环相套的封闭四合院单调地重叠,在七十二万平方米的面积上平平地展开,像个毫无生气的庞然大物,呆呆地趴伏在大地上,以至天子们也大感腻味。为了日常起居时调剂生活,另在紫禁城西测挖湖堆山,建造了碧波潋滟、白塔高耸的三海景区,还在西郊乃至承德盖起离宫别院,以打发消闲的大好时光。"可见,兴修园林,调剂生活情趣已成为出身于渔猎民族的清帝的一种生活必需。

北京作为 800 多年的古都,有着壮丽雄胜的地势,京西海淀更有着独特的地理条件,这里层峦叠嶂,而且有香山、玉泉山、万寿山逶迤布列,从西往东三个山的高度逐渐递减,万寿山再往东即是一马平川,地势低下,间有潜水溢出地表,形成湖泊。西山蜿蜒西北,宛若天然屏障,绿水青山,景色宜人。玉泉山、万泉河两水系又提供着丰富的水源,这个酷似江南的风水宝地,具备营造园林的优越条件。正如园林学家陈从周所言"北京的西郊,西山蜿蜒若屏,清泉汇为湖沼,最宜建园"。从历史上看,这里也是为历代帝王显贵构建行宫御苑的绝佳场所。早在辽金时代,已遍布道观、寺院,建起了玉泉山行宫和香山佛寺。元代,海淀低地上的原始湖泊以风景佳丽而成为京城近郊的游览胜地,都下文人流连忘返,逐渐成为游赏之地。到了明朝,这里吸引了更多的游人,一些达官贵人逐渐占据田园,营造别墅。万历年间,武清侯李伟首建"清华园"(故址在今北京大学西墙外),规模宏伟,

米氏勺园图(局部)

畅春园遗址

号称"京国第一名园"。著名书法家米万钟又于清华园东墙之外,导引湖水,辟治一处幽雅秀丽的小园林,名曰"勺园",取"海淀一勺"之意(故址在今北京大学校园西南隅)。于是,亭台楼榭与湖光山色交相掩映,北京西北郊建园方兴未艾,渐渐成为举世闻名的园林荟萃之区。

清初,清华园与勺园都已荒废。康熙时,开始着手京西园林建设。先是在香山和玉泉山建立行宫,并就清华园故址修建了清代第一座大型皇家园林——"畅春园"。畅春园建成于康熙二十六年(1687),面积约60公顷。畅春园建成后,康熙每年大部分时间居住于此,逐渐形成清代园居理政的惯例。自是而后,历经康熙、雍正、乾隆三代,相继经营,海淀附近,名园并起,形成了著名的"三山五园",即畅春园、圆明园、万寿山清漪园(颐和园的前身)、玉泉山静明园和香山静宜园。历代清帝长期在此园居理政,文武大臣为上朝方便,纷纷在周边修建或租赁宅园。

最终成就了这一带楼馆相叠,绿树掩映,金碧相望的浩瀚景色,绘制出一幅绚丽壮美的园林图画。三山五园西以香山静宜园为中心形成小西山东麓的风景区,东面为平原内的圆明、畅春等人工山水园林,两者之间是玉泉山静明园和万寿山清漪园。静宜园的宫廷区、玉泉山的主峰和清漪园的宫廷区三者之间构成一条东西向的轴线,再往东延伸交汇于圆明园与畅春园之间的南北轴线的中心点。这个轴线系统把三山五园串联成一个有机整体。各园之间互为借景,彼此成景,和谐统一,被誉为万园之园的圆明园则是这众多园林中最为重要的一座。

清北京西郊园林图

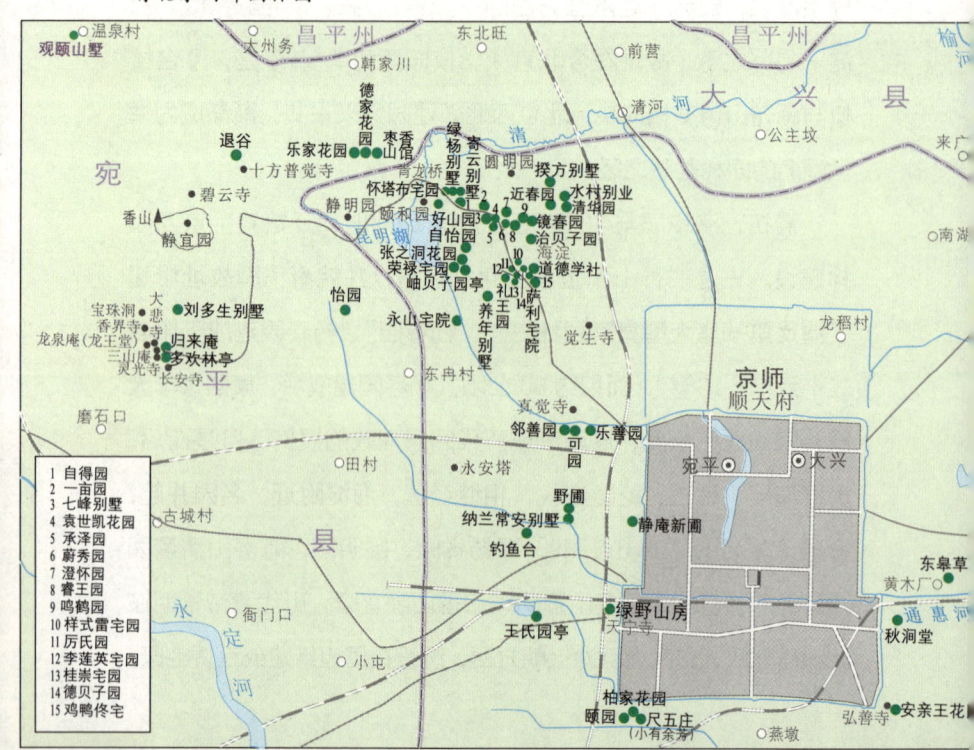

注：本图以清光绪三十四年（1908）图为底

建园背景

经济稳定

圆明园兴建之时,正值清代经济繁荣时期,社会安定,经济稳定发展,使国家逐步富足强盛,具备了充裕的建设资金。"以鼎盛时期的乾隆中期为例,国库存银常年保持在六七千万两之间,最多达八千万两",经济积累雄厚,遂开始有针对性地免除钱粮,乾隆朝先后四次普免全国钱粮,约达一亿两千万两。康乾年间,清代综合国力显示着泱泱大国之姿。当时中国的经济总量,在世界总份额中,占到了将近三分之一。据麦迪森《世界经济二百年回顾》中的统计数字,嘉庆二十五年(1820)中国的GDP总量为199212(百万美元),是当时西方最发达国家英国GDP总量34829(百万美元)的5.72倍,居世界之首。

作为盛世君主,乾隆认为:"泉货本流通之物,财散民聚……与其聚之于上,毋宁散之于下。"正由于有雄厚的财力保障,乾隆才得以大肆兴建园林工程,并不惜工本,务求质量精益求精,坚实美观。圆明园是清中期强大经济实力的体现。嘉庆之后,圆明园建设的相对收缩与衰退,某种程度上也是综合国力下降的反映。

文化兴盛

康乾时期，清代文化在众多领域中创造了灿烂的成果，充实了我国的文化、思想宝库。诗词、小说、戏曲等都取得了重要成就，在研究古代典籍方面更是达到了繁荣的高峰，尤其在考据学上大家辈出，成绩斐然。清代在瓷器、书法、绘画等艺术领域也获得了较大的发展。统治者汇集众多学者编修了《康熙字典》《古今图书集成》《四库全书》等大型文化典籍，反映了当时的文化隆盛局面。繁荣的清代文化，以及中国几千年丰富的思想文化资源，为圆明园的兴起，提供了取之不尽的设计和创意源泉。

技艺成熟

明清时期，我国古典园林营造艺术已经十分成熟，明代造园家计成的《园冶》一书对历代园林创作实践予以总结，并上升为系统的理论，为后世的园林建造提供了理论框架以及可供模仿的范本。清代的造园艺术水平更是达到炉火纯青的水准，当时的园林建筑使用统一的工料定额和工程做法，所变化的只是外形和环境。清廷设有工部营缮司和内务府营造司专管建筑工程，颁行了《工程做法》《圆明园内工则例》等专业技术条例，总结了一套设计、施工、布局、装饰的系统经验。一批优秀的造园艺术家和五行八作的能工巧匠，以精湛的建筑技艺，供奉内廷，如历代相传的"样式雷"世家，就长期参与主持皇家园林的设计与建设。

由于国库较为充盈，乾隆也考虑到利用国库存银兴土木，办木料，发工钱，使之回流社会，增加流通的必要，这类似于政府通过加大基础建设投入来拉动经济发展。这样，皇家工程不再由宫廷内务府的匠人全部承揽，而是改由样式房设计，算房做出经费预算，户部或内务府出资向社会招商，如此则有利于在全国范围内汇集最优秀的设计和建设人才。

皇帝重视

清代皇家造园高潮，恰逢康乾盛世时期。康雍乾三帝，多才多艺，热爱园林而又颇富见解，他们对皇家园林的建设起着决定性作用。正如《养吉斋丛录》所述："宇内山林，无此奇丽，宇内亭园，无此宏旷。先后布置，皆由圣心指点而成。"以乾隆为例，他是一位文化素养很高，又喜爱游山玩水的君王，还是个园林迷。虽是满族人，但具有相当高的传统文化修养和艺术鉴赏力。对园林艺术创作者来说，古典文艺方面的修养，非常必要。作为盛世皇帝，乾隆自谓"园林之乐、不能忘怀"，凡重要的园林建设，他都亲自过问，对某些规划设计，甚至直接参与其中。乾隆对造园艺术颇有造诣，甚至有不少很有价值的独到思想。如他认为园林的最高境界是"物有天然之趣，人忘城市之怀"。在谈到"借鉴"时，他很精辟地概括说："略仿其意，就天然之势，不舍己之所长。"这种"仿"就是不求形似，要表现出对象的本质特征和内在精神。言下之意，"借鉴"是一种艺术的再创造，但前提是必须在造园的客观条件基础上进行。

人才聚集

圆明园的规划与设计是博采众长的结果，在这一过程中，皇帝、学问扎实的文人大臣、以样式雷家族为代表的建筑师、颇具近代科学知识的西方传教士、清宫如意馆和造办处的艺术家及工匠、从全国各地征募的风水师、从南北各地征调的叠山理水大师，以及从事具体施工的五行八作的匠师们，都发挥了不同程度的作用，从这个意义上可以说，圆明园是凝聚众多中外英才智慧和劳动人民汗水的东方文化艺术明珠。

18世纪，中西文化互动较为频繁。圆明园如意馆，长年供养着一批耶稣会宫廷画师。这些来自不同西方国家的传教士，景仰中华文化，自身又是具有专业特长的文化技术人才。其中郎世宁、王致诚、艾启蒙等人负责设计督造西洋楼欧式园林，蒋友仁负责设计督造水法喷泉，汤执中负责主持绿化。欧洲建筑与造园艺术被引入中国皇家园林。除西洋楼景区外，其他各处殿堂陈设的西式钟表、天文地理仪器、铜版画，以及西式地毯等，也都很有代表性。中西文化在音乐、绘画、印刷、建筑、园艺、植物、天文地理、机械钟表等领域的交流成果，都在圆明园有所体现。

兴建过程

赐园时期（1707—1722）

圆明园最初是康熙赐给皇四子胤禛（雍正）的一座花园，位于畅春园北面不远处。其兴建可追溯到康熙四十六年（1707），即康熙第一次临幸之时。当时该园已初具规模，"因高就深，傍山依水。相度地宜，构结亭榭，取天然之趣，省工役之烦。槛花堤树，不灌溉而滋荣，巢鸟池鱼，乐飞潜而自集"，是一座小型的水景园。以略近方形的后湖为中心，具体范围大致是前、后湖及其周围地段，面积约五六百亩。园门设在南面，与前湖、后湖恰好在一条贯穿南北的中轴线上，成较规整的布局。当时，园内主要是以葡萄院、竹子院、鱼池、菜圃等命名的比较自然化的景观，一定程度上具有文人隐士园的风格。十余年间，胤禛 12 次恭请父皇康熙来园游赏、进宴，并获康熙御赐园额"圆明园"。

雍正时期（1723—1735）

雍正即位后，圆明园升格为皇家御园，并由此进入大规模的兴工扩建阶段。雍正按照畅春园理政与园居功能并置的模式,陆续添建不同风格的景群,并纵深扩展园林范围。将原中轴线往南延伸,在南部建成了具备上朝、理政功能的正大光明殿和勤政亲贤殿以及内阁、六部、军机处诸值房,用以"避喧听政",形成"外朝"部分,并与后湖四周帝后嫔妃居住的"内寝"部分共同组成了相对独立的"前朝后寝"区,俨然是皇城大内的缩影。前朝区基本按中轴线左右对称的布局,自南而北形成完整的空间序列。

在雍正园居期间,它成为清帝国的政治中心。雍正还将圆明园的北、东、西三面往外拓展。后湖东侧的东湖被开拓为"福海",形成大规模的水上游乐区。而沿北墙的狭长地带,则增建成用以观稼视农、颇具乡村田园风光的游览区。这样,至雍正末,圆明园的面积已达3000余亩,园林景观30多处,总体规模和基本格局已大体形成。

雍正皇帝

乾隆时期(1736—1795)

乾隆时,以畅春园作为皇太后居住之地,他自己则长期居住于圆明园。承袭父皇雍正遗留的圆明园格局,乾隆在原有基础上对其进行部分改建和增建,但并没有再拓展圆明园本身的地盘,而是在原来的范围内调整园林景观并进一步丰富园景。乾隆九年（1744），圆明园著名的四十景形成，圆明园臻于完美，步入辉煌的兴盛期，其总体造园风格也由康熙、雍正时期崇尚的简洁、朴素一转而为奢华和恢宏。

乾隆好大喜功，对苑囿的兴建具有浓厚的兴趣，他在圆明园紧东邻又营建了长春园。长春园始建于乾隆十年（1745）前后，初称东园，后因乾隆少年时曾在圆明园居住过的"长春仙馆"而得名。乾隆曾说"予有夙愿，若至乾隆六十年寿登八十五，彼时亦应归政。故邻圆明园之东，预修此园，为他日幽游之地"。言下之意，长春园是为自己归政后颐养天年所建，而实际上它是圆明园整体扩建的一部分。长春园占地约一千亩，在乾隆十六年（1751）已基本建成中、西路主要景观。位于北隅的西洋楼景区，自乾隆十二年（1747）筹划，至乾隆二十四年（1759）也已基本完成。乾隆三十一年（1766）至三十七年（1772）又陆续添建成东路诸景。

乾隆三十四年（1769），乾隆又将绮春园并入圆明园。该园由几个小园林合并而成，早期原是怡亲王允祥的御赐花园，后又改赐给大学士傅恒及其子福隆安。乾隆三十九年（1774），圆明园、长春园、绮春园正式统归圆明园总管大臣管理，加之三园紧相毗邻，"名虽三而实则一"，其中又以圆明园规模宏大而居首位，遂统称圆明园。三园呈倒"品"字形分布，圆明园在西，长春园在东，绮春园在南。尽管此时已大体形成圆明三园的格局，但当时绮春园面积不过四五百亩，规模较小，乾隆对其基本未作大的修缮，也未在此居住过。

嘉庆时期（1796—1820）

嘉庆继承父祖产业，因袭园居惯例。同时，他对园林建设也怀着强烈的追求，并侧重于对绮春园的经营。嘉庆四年（1799），绮春园西部并入成亲王永瑆的西爽村花园，嘉庆十六年（1811），绮春园西南部又并入庄敬和硕公主的含晖园。嘉庆对绮春园陆续进行调整和治理，形成不同类型的大小景点30处，既有类似圆明园四十景那样的建筑组群，又有单个园林景点。经嘉庆大规模

圆明园盛时平面图

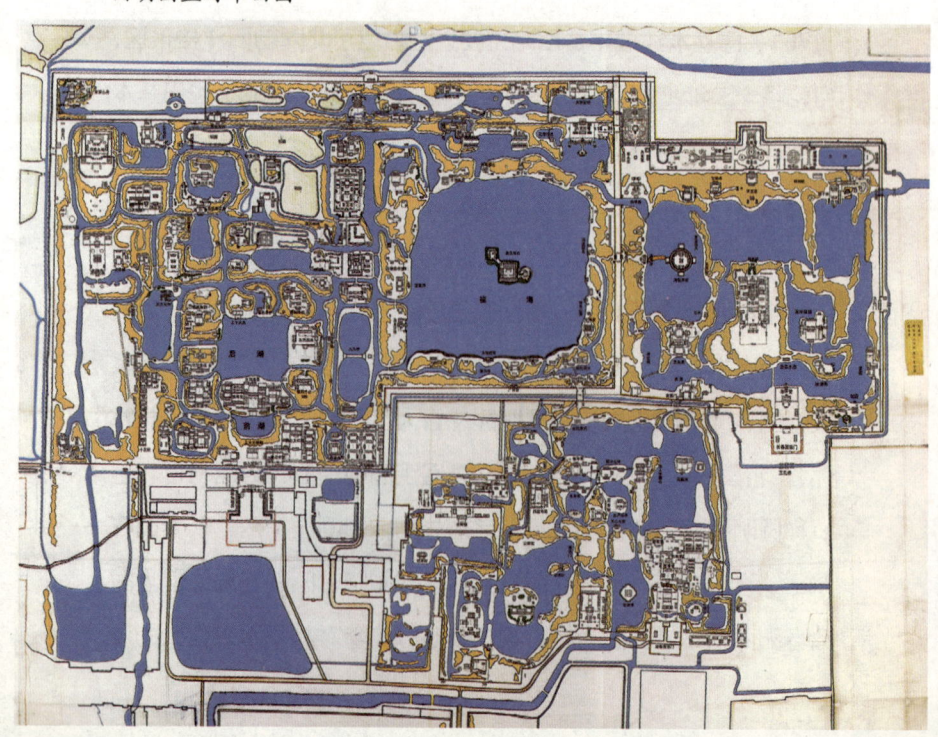

修缮和改建、增建之后，绮春园始具千亩规模，成为清帝园居的主要园林之一。至此，圆明三园处于全盛时期，总面积达 5200 余亩（350 余公顷）。

道光时期（1821—1850）

道光朝三十年间，清帝国日薄西山、每况愈下，但道光宁撤万寿、玉泉、香山"三山"陈设，罢热河避暑与"木兰秋狝"，却没放弃过对圆明三园的改建和装饰。囿于日益严峻的内外危机，道光没有对圆明园进行大规模的园林工程，但改建项目仍间或有之，仅圆明园的修缮费用每年即达 10 余万两白银，尽管道光提倡并厉行节俭，但他仍斥巨资在圆明园给自己修建了宏伟的寝宫——慎德堂。道光还对绮春园东部的敷春堂一带进行改建，将之作为奉养太后、太妃的地方，道光本人则比较喜欢游赏于绮春园的北部和西部诸景。

咸丰时期（1851—1861）

咸丰时期，清帝国内忧外患，政权处于风雨飘摇之中。作为一国之君，咸丰无力应对残局，逐渐走向消极和沉沦。他虽承袭了园居惯例，但这座皇家宫苑却已有些难以维持。当时，咸丰驻跸圆明园即已备受享乐、渎职的指责，在道义上和经济上已不容许他对圆明园大举兴工，但圆明园直到咸丰十年（1860）被毁前夕还在进行一些局部修缮和零散建设。

五园之盛

圆明、长春、绮春是人们所熟知的圆明三园,其实,圆明园还曾有过"五园"之盛。乾隆三十二年(1767),将皇亲赐园熙春园(今清华大学校园西部)并入圆明园;乾隆四十五年(1780),将皇亲赐园春熙院(今北京大学校园北部)并入圆明园。这就形成了历史上的圆明五园。但嘉庆七年(1802)又将春熙院赐给庄静固伦公主,道光二年(1822)将熙春园赐给惇亲王绵恺,五园又易为三园。圆明五园为时不长,仅22年,所以,圆明园的"五园"之盛较少为人所知。

万园之园

圆明园是由人工创造的景色秀丽的大型山水园林，集几千年园林艺术之大成，是中国古典园林的登峰造极之作。不仅在中国园林史上占有极为重要的地位，而且在世界园林史上也享有很高声誉，被世人冠以"万园之园""一切造园艺术的典范""东方凡尔赛宫"等诸多美名。圆明园气势恢宏、典雅华贵，其园林布局、山水格局和设计技巧诸方面都具有极高的艺术水平。

圆明园的建造，紧密依托海淀地区的山水资源，广征博采古今中外的造园艺术理念和成果，使之既具有自身的典型特征，也在融合发展中取得了集大成的成就。无论是从古典园林的构成要素来分析，还是从圆明园代表性景观的文化和艺术特点来把握，圆明园的园林艺术都极具亮点。三园内部百余处园中园，三园之外如众星拱月般密布的众多附属园林及王公大臣的宅院，以及自身园林技艺与文化内涵兼备的绝美景观，都为"万园之园"的解读提供了独特的维度。无怪乎乾隆赞誉圆明园"规模之宏敞，邱壑之幽深，风土草木之清佳，高楼邃室之具备，亦可称观止。实天宝地灵之区，帝王豫游之地，无以逾此"。

风物特征

除了乾隆，古今中外的人们对圆明园也一直都是不吝赞美之词。法国传教士王致诚说："（圆明园）无论在设计和施工方面都极宏伟和美丽。因为我的眼睛从来不曾看到过任何与它相类的东西，因此也就令我特别惊讶……中国人在建筑方面所表现的千变万化，复杂多端，我唯有钦佩他们的天才宏富。我们和他们比较起来，我不得不相信，我们是又贫乏又缺乏生气。"乾隆朝大学士汪由敦称圆明园"景观万千，令人目不暇接，顾盼之间不知景观起止于何处"。另一位大臣王昶说："入园似景随人动，处处是景，移步换景，目为所动，美不胜收。"朝鲜使臣徐浩称赞圆明园"以佳丽之境，见潇洒之趣，真是仙区也"。英使马戛尔尼记述道："入园之后，每抵一处必换一番景色，与吾一路所见之中国乡村风物大不相同。盖至此而东方雄主尊严之实况，始为吾窥见一二也。园中花木池沼以至亭台楼榭，多至不可胜数，而点缀之得宜，构造之巧妙，观者几疑为神工鬼斧，非人力所能及……以全园计之，恐吾所见尚不及其什一。然即此不及什一者而言，已能令当时景象永镌吾脑而不忘。而吾笔记中欲详言其状，亦觉景物万千，不知从何处说起。"

英国特使额尔金称圆明园"数不尽具有漂亮的房间的建筑……充满了中国的古董珍品以及漂亮的时钟、铜器等等"。法军侵华司令蒙托邦说："难以计数的壮丽豪华建筑一座连着一座，绵延16公里之远，这就是人们常说的皇帝夏宫。园内有很多寺塔，里面供奉着各种各样金的、银的和铜的巨大神像……花园湖泊，星罗棋布；一座座白色大理石建筑物以琉璃瓦盖顶，五颜六色，熠熠生辉，里面有数世纪来堆藏着的各种奇珍异宝。除了这些，还有绝妙的田园风光。"侵华英军随军牧师麦卡吉感慨："我从未看见一个景色合乎理想的仙境，今日方算大开眼界。"侵华英军司令格兰特的翻译官认为圆明园的景物变化万千、优美如画、无限迷人，他赞赏之极地说："的确，艺术力量使自然的严酷约束力更逊一筹，而把它变得神奇美妙。人们所能想象到的中国式的最优美的景色，好像都集中于这美好的空间，要达到这般完美，建筑者应具有非凡的才华，金钱耗费则在所不惜。所有那些在中国画中经常可以欣赏到的、被认为是出自艺术家想象的最美好的事物,——在此重现,栩栩如生。"曾经陪同蒙托邦进入圆明园的法军医生阿尔芒·吕西在《旅途随忆》中写道:"必须有一位身兼诗人、画家、历史学家、美术品鉴赏家、汉学家和其他别种天才的人物,才能图写园景,形容尽致。"法军上尉巴吕在《记1860年远征中国之行》中描写圆明园说:"无论任何人,包括联军在内,尽管他所受的教育不同,年龄和经历也不同,但他们都会对圆明园的优美景致产生共同的感觉,即在世界上再也寻找不出另一个花园可与此相比拟,可以说,所有的法国宫殿都汇集在一起也永不如这座圆明园!"法国大文豪雨果把圆明园和雅典的巴黛农神庙分别作为东方艺术和西方艺术的代表,称前者为梦幻艺术,后者为理念艺术。他盛赞圆明园"不但是一个绝无仅有、举世无双的杰作,而且堪称梦幻艺术的崇高典范"。美籍华人、历史学家汪荣祖先生称盛时圆明园是"园林艺术最伟大的综合体"。中国人民大学王道成教授认为:"圆明园是我国古代园林艺术发展的高峰,也是我国古代园林艺术的光辉总结。"法国集美亚洲艺术博物馆高级研究员戴浩石先生赞誉圆明园"是一座百科全书式的园林,殿宇和其中的家具摆设如同一幕幕展开的鲜活的历史画卷,再现各个历史时期文人雅士的生活场景,从广阔的室外风景再到一件极不显眼的细小物件,在这集千年传统文化之大成的浩瀚园林里层出不穷、延绵不绝"。

规模宏大　气势磅礴

圆明三园占地5200多亩，外围20华里，建有围墙约20000米。面积广阔、规模宏大，既保持了皇家规制，也集中反映了唯我独尊的帝王思想。为追求宏大的气派，圆明园安排了一些大体量的单体建筑和变化丰富的建筑群，将主次分明的多重轴线关系带入到园林环境中，具有对称、庄严的特征，使其与一般的私家园林判然有别。整体气势恢宏，绵延数里，园林艺术挥洒自如、空间层次丰富多彩。由于地处北方，为防寒御暖，其台基、墙体、屋顶也相对厚实稳重，并在色彩上保持着皇家特有的风格，在艺术上融北方的粗犷和富丽堂皇的帝王气派于一体。

因水成景　烟水迷离

圆明园是一座大型水景园，园林造景多以水为主题，建筑多依水而筑，因水成趣。如上下天光，"垂虹驾湖，蜿蜒百尺……凌空俯瞰，一碧万顷"，颇有登岳阳楼一览洞庭湖之胜概。坦坦荡荡，"凿池为鱼乐国，池周舍下，锦鳞数千头"，酷似杭州玉泉观鱼。万方安和，房屋建于湖中，形作"卍"字，冬暖夏凉，隔水相望的戏台，借助水得以创造出奇特的观赏效果。水木明瑟，用西洋水法引水入室，转动风扇，"林瑟瑟，水泠泠，溪风群籁动，山鸟一声鸣"。海岳开襟，在湖中白玉石圆形巨台上建有三层殿宇，远望好似海市蜃楼。其余如多稼如云，水田满目；濂溪乐处，四面荷香；坐石临流，曲水流觞；西峰秀色，高山流水，莫不如此。

平地造园　借景西山

圆明园是在平地上由人工创造的园林，挖湖堆山、营造建筑、种植花木，绵延数千亩，这样大规模的平地造园，在世界园林史上也属罕见。中国园林设计讲究借景，即把远景纳入园中，增加景色的变化。《园冶》有云："借者，园虽别内外，得景无拘远近。""借景西山"是圆明园的重要特点，也是组景时主要考虑的一个因素。如福海景区内，人工堆叠的山脉连绵不断，但总体看，西岸一带山脉，较南岸、东岸和北岸要低一些，同时又在东岸设置了两组远眺西山秀色的建筑——接秀山房和雷峰夕照，这主要是为了更

从后湖东岸远眺西山

好地借景西山。其他如西峰秀色等景，也极为独到地应用了借景手法，成功地把西山景色引入到园林风景中，清帝在园内甚至可以体验米万钟所云"更喜高楼明月夜，悠然把酒对西山"的意境。

园中有园　万园之园

圆明园的整体布局采取大分散、小集中，大空间开敞、小空间封闭，大中见小、小中见大，园中有园的方式，将全园分成若干大景区，大景区中又有小景区，小景区中又有若干景点。景点之间多用山石、林木、廊墙、桥堤、园路分隔与联系，达到隔而不断、若即若离的艺术效果。园内既有"勤政亲贤"的高大殿宇，又有"山高水长"的山水风景；既有"日天琳宇"的禅释胜境，又有"蓬岛瑶台"的神道世界；既有养性修身的"澹泊宁静"，又有不弃四时的"四宜书屋"；既有移地北来的"平湖秋月"，又有模拟王维辋川别墅的"北远山村"；既有"坐石临流"的上巳风采，又有"多稼如云"的田园景色。百余处园中园，茹古涵今，分布和谐有序，被誉为万园之园，也可说是名不虚传。

博采众长　融合创新

圆明园兼收并蓄南北景色，汇天下美景于一园，既有北方皇家园林的磅礴气势，又有江南私家园林的小巧雅致。具有江南山水、北国风光、民族风格等特点，是中国古典园林的登峰造极之作，可谓是一座"园林博物馆"。圆明园兼蓄古今，包罗中外，成为内含皇家、私家、寺观、田园等各类型园林艺术的集大成者。园林学家陈从周说"北园南调，自然是高品"。圆明园的造园取景参照、模拟了不少江南园林的成功之处，并都做了因地制宜的调整，注重利用独特的周边环境和地貌地形，加以人工的整理与组合，这样不但节约了人工物力，也有利于园林景观的提升和创新。

园林艺术

园林是为了补偿人们与大自然环境相对隔离而人为创设的"第二自然"。《中国大百科全书》对园林的定义是："在一定地域运用工程技术和艺术手段，通过地形（或进一步筑山、叠石、理水），种植树木花草，营造建筑和布置园路等途径创作而成的美的自然环境和游憩境域。"园林专家孙筱祥说："园林是由地形地貌与水体、建筑构筑物和道路、植物和动物等素材，根据功能要求，经济技术条件和艺术布局等方面综合组成的统一体。"杨鸿勋《中国古典园林结构原理》对园林的定义为："在一个地段范围之内，按照富有诗意的主题思想精雕细刻地塑造地表（包括堆土山、叠石、理水的竖向设计），配置花木，经营建筑，点缀驯兽、鱼、鸟、昆虫之类，从而创作一个理想的自然趣味的境界。"由上述定义可知，一座园林的内涵是很丰富的，但主要构成要素则包括山、水、建筑、植物及动物等,从这几个指标来看,圆明园的造园艺术确实非常精湛。

移天缩地

圆明园所在地域原是多水的低地,地形西高东低。在建设过程中,通过挖湖堆山,地形地貌被重新塑造,成为一个山脉连绵不断、河湖遍布的大型人工山水园林。总体布局根据封建礼制、堪舆形学、皇家精神追求和物质享受等要求,并结合山水环境及功能需求,进行统筹规划。布局科学合理,既满足使用功能,符合传统地理观念,又依托民族文化,借鉴天下佳景,予以综合升华。圆明园在整体格局上模拟中华大地西高东低,江河东流,西陆东海。后湖九岛的平面构图是"天圆地方""禹贡九州"和"普天之下,莫非王土"的立意;全园人工堆山纵横交错,紫碧山房是"大地之脉,咸祖昆仑"的象征。此外,园内本无高山,然而向西借玉泉、万寿山之景以为己用,不仅弥补了原有地貌的不足,并且使人看到山峦重叠、层次分明的空间景象。山贵有脉,水贵有源,圆明园"移天缩地",叠山理水,山起西北,水归东南,脉络清晰,结构合理。

堆山叠石

山构成园林的骨架,是组织园林空间、创造景观的重要因素。

造园离不开堆山，特别是要达到"虽由人作，宛自天开"的境界，更少不了山石景色的主题。在园林中，山既能作游赏的主景，又能作为各个景区空间的分隔。若没有山，园林一片平坦，就显得单调和乏味。同时，山又是园林水景的主要依托，只有在平地上堆出了峰、岭、谷、坡等，才可能创造出泉、瀑、溪、池等景色。因此，园林创作的第一个结构层次就是堆叠假山，梳理水源。山也是创造不同景观的载体，有的成为建筑的背景，有的成为景观的对景和借景。

圆明园内基本没有自然的真山，多是以土、石堆叠而成的山，但其规模和形式却极为丰富。因所用土、石比例不同，园内的山体可分为全土假山、全石假山和土石混叠山三种，土、石用量的不同每每带来造型特征和气势风格的差异。园内堆叠大小山体250余座，尺度都不高大，一般的仅七八米高，最高的也就十五米左右，但已足够分隔景区。由于匠师们巧用对比手法，大量仿自天然，在小尺度中造成山水相间的险峻、平缓、奇兀、幽深、开朗、封闭等种种境界，看上去并没有呆板之感。"山得水而活"，圆明园的山与水紧密结合，构成了山复水转，层层叠叠的园林空间。每个空间，又经过艺术加工，既体现了人为的写意，又保持了自然的风韵。山"得草木而华"，建筑和林木花卉的巧妙配合，也使得山景更为自然和活跃。乾隆时期供职如意馆，并参与绘制《圆明园四十景图》的宫廷画师唐岱在《绘事发微》中论说山水画须"使主山来龙起伏有环抱，客山朝邑相随，阴阳向背俱各分明"，"至山水全景……重叠压复，以近次远，分布高低，转折回绕，

廓然大公太湖石假山遗迹

主宾相辅,各有顺序。一山有一山之形势,群山有群山之形势"。这一论述用在说明圆明园的堆山理论和实践上同样很恰当。园内以土为主的堆山如四宜书屋,多在山上广植花木,使山体郁郁葱葱,并在山的上下散置少量石块,如同石自土中露出。以石为主的堆山如泽兰堂,则在石间培以积土,种植少量花树,使其具有自然生气。

圆明园的山大部分是土山,由挖湖挖河过程中所出土方就地安排。这些土山总是与水体互为依托,相互增色,组成了一幅幅山水画卷。山的高度一般都低于 10 米,但是连绵奔突,转折起伏,气势逼近真山。登高远眺,山体"以草木为毛发,以烟云为神采",有莽莽苍苍、烟霭隐约的气象。山形面面看,山景步步移。由于这山体的分隔、围护,园林景观更显得完美多变,也造成了更为丰富的空间层次。有的山具体模仿或象征庐山、昆仑山的景色，增加了园林风景的意蕴；有的则在山顶建起城关、亭阁，加强了风景效果。杏花春馆、紫碧山房和廓然大公及如园、凌虚亭等处，由于在山顶上安排了建筑，大大丰富了山景轮廓。园中还有不少独立的园林空间往往以断续、起伏的土山作为自己的边界，而刻意不修建围墙，如武陵春色即为一例。这样既加强了山与建筑的有机联系，又避免了围墙的生硬、枯燥，增加了园林艺术的韵味。从园林内部看，造成了"山外青山楼外楼"的意境；从外部进入这些小园时，则有"柳暗花明又一村"的感受。用于分隔空间的山大多是条带式走向，水面及建筑周边之山则回环相依，高低起伏。由于是就近挖湖取土，土山皆尺度矮小，而此状况，则恰恰易于出现幽篁清流、平岗小阜及小桥流水的江南水乡意境。如绮春园卧云轩南面，是由水面隔开来的一片"山地"，面积不足两公顷，却安排了几道山梁，沿着四周，犬牙交错，在中央部分留下一个"山地空间"。在这个空间里环顾四周，只见五六米高的土山，错落断续，建筑不多，山上茂密的林木增加了山的气势，确是一个很特殊的空间环境。南北有两个主要出入口，进入山地后，只要爬上山去，就可欣赏到东西两侧的广阔水景。这样处理的空间占地虽小，但气氛浓郁，山林、野趣、独立、宁静，好似与外界隔绝一般。

圆明园的建设过程中，从京郊以至江南各地搬来了大量名贵石料，延请堆山名师，在创作上发挥了主动性和创造性。正如乾隆所言："妙手吴中堆塑能，一丘一壑都神肖。"园中有大量以湖石及青石构成的假山，其山峰、山涧、山脊、山洞（如廓然大公、泽兰堂等处），如真山一般，可以随意攀登穿行。尤其是一些曲折盘旋的巨大山洞，一会儿可登至山顶，一会儿又临于水际，增添了别样情趣。园中还有些小型假山，它们沿用江南园林的叠石手法，并多数安排在建筑的近旁或庭院中，成为内部空间的重要点缀和欣赏对象。此外，园中还有许多名石，它们有的是从深山中辗转运来的，有的是从江南进贡的。前者如文源阁中的"玲峰"石高两丈，以体量大，洞穴多而闻名；后者如"青莲朵"，则是杭州南宋旧宫中的"芙蓉石"。别有洞天中的青云片，汇芳书院东山坡上的巨大湖石，也都是石中精品。它们或浑厚，或挺拔，或玲珑，件件精奇，往往被安置在高起的石台上，成为景观中的视线焦点。

三友轩太湖石假山遗迹

巧妙理水

水是园林的血液，是最活跃的因素。不仅其本身是人们嬉游、玩赏的对象，而且也为园林植物的繁荣滋长和水禽鱼类的养育生殖提供了保证。若无水，园林风景将黯然失色。圆明三园水域占总面积的十分之四，约 2100 亩。造园家利用圆明园地势低而多水的优势，发挥"就低凿水"宜于以水构景成景之所长，聚水而成景、因水而成趣。园内清泉纵横，大小湖泊星罗棋布，弯弯曲曲的河流，像蛛网一样，依山就势，分布全园。凌空俯瞰，全园百余处园林景群，像是建置在众多岛屿之上，宛如千岛之园。圆明园的主水源头位于园之西南，但为配合"地脉咸祖昆仑"之势，特意引至西北，再灌注全园，并随地貌的变化，形成或垂落飞溅，或趵突涌现，或山间婉转，或水流潺潺，或聚水如镜，或汇流成海等各种自然水体形态，与筑山相结合，形成有机完整而又丰富多彩的山水体系。

圆明园来水河道全图

圆明园是大型水景园，位于水网密布、水量充沛之区。整体来看，三园水系脉络清晰，条理井然。圆明园有较为丰富的水源供给，除自身的地下水外，其水源主要是来自玉泉山水系和万泉河水系，圆明园恰好地处两水系汇流之地，确保了可观的水源。乾隆《开鉴堂》诗云："灵源承玉泉，加之万泉酾。故此御园中，池沼富于水。"园北的小清河也引来西北一带的泉水和山水，保证了北部沿墙景区的用水。此外，园外的护墙河也可随时用于控制水的大小。圆明园的主水流，在园内形成几支分流，经过曲折迂回，汇于福海，再经五孔闸泻入长春园。长春园大部分用水除通过圆明园南、绮春园北部的河道引万泉河水入园外，主要从五孔闸流来，融会贯通后从该园东北角的七孔闸流入小清河。绮春

四通八达的河道

园主要是由该园南部引万泉河水入园，在园中连贯沟通，最后汇流，从东南部排入万泉河。

圆明园水的功能是多样的。可用来造景，园内大多景观皆因水而成；游园时，水也具有交通功能，其主要工具是船和冰床；园内日常所需物资，也可通过水路运输；水上游乐项目，如龙舟竞渡、冰嬉、放河灯等，须在水面进行；水可用于消防，这时一般多用湖水，在寝宫区及重要景点都设有大铁缸储水备用；水也具有绿化功能，其用水一般都是湖水；而生活用水除了从玉泉山运来外，多来自园内各处的深水井。为发挥不同的功能，圆明园水面的深度、水底、水岸和河道等，都设计得十分考究、合理。如福海最深处达3.8米，一般水面深度也有2.3米。这样的深度可以保证端午龙舟竞渡及平日的大船行驶。而前、后湖，是皇帝日常活动的主要水面，经常行走船只，其水深也介于二三米之间。圆明园水上交通专用河道深度一般在2米左右。有的水面因不需要水生植物，其水底一般都铺垫沙石。但有些以水生植物为主题的景观，其水深一般在0.8米至1.5米左右，这样的水深利于植物的生长，也不影响荡舟，如濂溪乐处、澹泊宁静、曲院风荷等处。园内与寝宫区相近的河湖、河道，为避免虫鸣蛙叫，水底一般也铺满沙石。

圆明园集我国古典园林理水手法之大成，把水的作用发挥得淋漓尽致。水系贯穿全园，汇而成湖，为景区的中心水体，散则为河为溪，回环潆绕，将空间分隔成大小不一的洲渚岛屿，并连成一体，既为造景提供多样的地貌环境，又将景观融于水系的总体规划中，创造出独特的园林风貌。同时，山、岛屿、水堤、建筑等也将水面划分成多种形式，各种水面生动活泼，由环流的溪水串联成完整而复杂的河湖水系，山水之间巧妙配合，达到了"水随山转，山因水活"的美妙效果。全园有多种尺度的湖泊和诸多各具情趣的小型水景，水面采取了大中小巧妙结合的方法，形成了众多的水态。有的是祖国大江大湖的摹写，有的则以江南园林的水体为蓝本，甚至还引进西洋喷泉水池。大的如福海，宽五六百米左右，占地28公顷，中等的如后湖，宽约200米，具有令人较亲切的尺度。还有许多的小水态，均在四五十米至百米之间，是水景近观的小品。园内各种水体都是自然界河、湖、溪、泉的艺术概括，哪怕再小的水面亦必曲折有致，并利用山石点缀岸、矶。有些还故意做出一湾港汊、水口，以显示源远流长、疏水若无尽。稍大的水面，则必堆堤、筑岛、架桥，在有限的空间内尽写自然水景全貌，这是"一勺则江湖万里"的立意。圆明园充分吸取了中国园林"曲水流觞"式理水方式的内涵，无数蜿蜒雅致的小河流，颇具小桥流水、江南水乡的风韵，形成独特的风情之美。按照西式水法精心营造的喷泉，也不乏灿烂多姿的异国情调。

长春园主要利用洲、岛、桥、堤将大片的水面划分为若干不同形状、有聚有散、尺度宜人的水域，其水景效果，于开朗中透露着亲切幽邃的气氛。连成一气的水体，被划分为多个宽度在200米左右的水面，在这200米视距内，对岸景物清晰可见。在水面上欣赏四面风光，也十分亲切。这类水体空间的艺术风貌与平阔的大水面或曲折幽深的小桥流水迥然不同。西洋楼以独具异域风情的热闹喷泉见长，动感十足。而绮春园除了东北部两个中型的水面外，则多为小型水体的集锦。尤其该园西南隅，主要景点都建于岛上。大小不同的水面，衬托着几组建筑，岛的形状大小不同，水体的轮廓更是变化多姿。这里建筑所占比重较小，规划设计的重点放在水体和岛的推敲上，岛的轮廓变化、岸线的进退安排都比较自由，使这里成为以水景为胜的区域。

圆明园水与其他园林要素的关系十分协调。当水面空间较大时，即把若干建筑群、山体、林木等安排在周围，以提供多距离多角度的赏景机会，而它本身也可作为水上娱乐活动极其灵活的舞台，这以福海景区最具代表性。蜿蜒流淌的小溪，像银线一般，将功能、风格、规模等不同的建筑群和景点串联起来，使人在游览过程中获得多样的艺术享受，并把游览过程变成一个多方向、多变化的动态过程。引入建筑群中或建筑庭院中的水体，打破了相对呆板的格局，活跃了内部的气氛。各种形式的水庭，更是成为整个建筑群或园中园的特色，如坦坦荡荡的方形观鱼池，濂溪乐处的水庭，思永斋中的八角形水庭等，都成了主要构成部分和构图中心。海岳开襟是长春园西部湖面正中央的一个岛，与含经堂东面的玉玲珑馆大体对称，构成一种布局上的均衡。在这一水域，人的视线易于围绕金碧辉煌的"海市蜃楼"——海岳开襟展开，湖面四周景色相对平淡，北面是一片山林野色，东西面是起伏低矮的岗阜，南面思永斋藏于山石之后，总体上是平淡之中略有变化。海岳开襟岛不可企及的中心地位使整个水面空间有很强的向心性，这也是别具匠心之举。和山体一样，河湖本身也往往成为建筑群或园林的自然边界，使不同形式、不同空间的过渡显得灵活自然。河岸的缓坡处理，建筑的临水布置，曲桥伸入湖中或在水面安排汀步等，都密切了人与水的关系。至于水边垂柳、岸芷汀兰，则直接增添了水景的色彩和情趣。

建筑奇观

圆明园作为皇家宫苑具有多方面的功能，处理政务，需要有举行各种礼仪和处理日常政务的殿堂、衙署；生活起居，需要有包括帝后等休息用的寝宫、戏台等；还有供皇室进行宗教祭祀、念书习武的场所，如佛堂、斋宫、藏书楼、骑射场等；此外，服务性的辅助设施，包括膳房、作坊、库房以及庞大服务人员的生活用房等也不可或缺。因此，圆明园规模大，建筑多，其建筑面积近 20 万平方米，而该时期清漪园的建筑面积（颐和园的前身）只有 7 万平方米，紫禁城的建筑面积也不过 16 万平方米。圆明园建筑类型复杂，布局合理，功能齐全，是皇权文化统率下的多元建筑文化的荟萃。园内由清帝冠以佳名的建筑 800 余座，有内外匾额 1200 余面。按功能可分为祀神、起居、朝政、游幸、构景等类型；组合上有群置、孤置、外向、围合之别；形态有方形、矩形、圆形和多角差异，平缓与高耸兼有，平屋与楼阁皆备，或有特种造型如石舫等。建筑风格或雄浑华贵，或质朴高雅；或崇荣皇家，或采风民间；或奢华富丽，或野朴旷达。建筑尺度，皆以功能、意境和风景环境而定。建筑体量适度，结构精巧多样，与整体风格协调而又富于变化。

园林建筑的构图美须协调、从属于天成的自然美而不是相反。建筑应注意与环境的协调，对周围山川地势、气候条件、河湖径流和林木植被等，进行认真的调查研究，力求建筑的体量、形式、色调、布局与自然环境相适应，从而构成"天人合一"的园林空间。园林建筑高低错落才易生动，同时这种高低错落又不是人为的，而是利用地形变化自然而然形成的。乾隆在《塔山四面记》中阐述了这个设计原则："室之高下如水之有波澜。故水无波澜不致清，山无曲折不致灵，室无高下不致情，然室不能自有高下，故因山构室者其趣恒佳。"建筑和水结合，相得益彰。建筑依水，为观赏变幻迷人的水景创造了条件，而多姿多彩的建筑点缀在平镜似的湖面上，也为水景添上了精彩的一笔。有的建于曲折蜿蜒、野趣天然的溪流之滨，宁静幽深；有的引水环置建筑，波光倒影，迤逦多姿；有的则凌跨于水面之上，玲珑活泼。园内随处都是湖沼溪河，大部分的建筑都借助于水以加强其表现力。乾隆《澄素楼》诗云："澄素固在溪，而楼适溪上。溪澄楼亦澄，曰二原一样。"紫碧山房澄素楼建在水中央，通过桥婉转与东岸相连，达到了"溪澄楼亦澄"的效果。乾隆《挹香室》云："书室泠然近水边，益清花气拂文筵。一篇展读当消暑，正是濂溪说爱莲。"四宜书屋挹香室依水而建，可在此赏荷、读书和消暑，令人心旷神怡。乾隆《活画舫》诗云："木舫原飘动，称云活画舫。此诚石舫耳，何以亦名之。流水窗前过，行云天上披。"别有洞天活画舫，以舫为造型，水流窗前，临窗俯视，让人耳目一新。上下天光主题建筑以木桩支撑于水面上，两旁各有九曲木桥与岸相接，形成亲水空间。濂溪乐处有正方形的回廊，一边倚岸，其余三边架临水面，回廊环抱着一个荷池，既可看湖景，又能赏荷花。其他如澡身浴德、坐石临流等处，都是利用如镜的湖面或淙淙的溪流这些动态的自然环境而获得建筑设计上富于独创性的意趣。圆明园建筑要表现的主要不是建筑趣味，它们不是凌驾于自然之上，而是按自然规律进行安排，令人感到建筑生长于自然之中，是自然化了的建筑。

上下天光（圆明园四十景图）

圆明园集成了中国古建筑几乎所有的类型与结构形式,并在很多方面有创新。既吸取了历代宫廷式建筑的特点,又在平面配置、外观造型、群体组合诸方面突破了既有规范的束缚。园内建筑千姿百态,因景随势,广征博采于北方和江南的民居,创造出不少极为罕见的形式,可以称得上是中外建筑艺术,特别是中国古建筑艺术五彩缤纷而又浑然一体的"综合展览馆"。其建筑体系的类别之众、形体之繁、结构之巧、装饰之美,堪称清代建筑之最。体量大小不同,群体组合方式不同,与山水的关系不同,使全园建筑出现了千变万化的形式和风格,但它们仍有一个共同的基调,除了宫殿、庙宇建筑的布局讲究对称、递进之外,并不追求宏大和华丽、威慑的气势,建筑的个体形象小巧玲珑,尺度比外间同类建筑要小一些。屋顶形式大部分采用灰瓦覆顶,只有少数采用了黄色琉璃瓦覆顶,建筑的外观一般朴素雅致,少施彩绘,与园林环境十分协调。建筑类型应有尽有,极富变化,包括殿、堂、亭、台、楼、阁、榭、廊、轩、斋、房、舫、馆、厅、桥、闸、墙、塔等。百余组建筑群的平面布置无一雷同,几乎囊括了中国古建筑的一切平面布局和造型式样。既有常见的单檐卷棚灰筒瓦屋面,朴素淡雅,又有宫殿式重檐琉璃彩瓦覆顶,金碧辉煌;既有一进两厢、二进四厢的规整院落,又有灵活多变的建筑组群。平面布局除常见的矩形、方形、圆形、工字、凹凸字、六角、八角外,还有很多独特新颖的形式,如眉月形、万字形、书卷形、十字形、田字形、曲尺形、梅花形、三角形、扇面形,乃至套环、方胜等。建筑屋顶也随不同的需要而采用庑殿、歇山、悬山、硬山、卷棚等单一或者复合的形式。园内用于组合建筑、点景、观景、借景的桥、亭、廊，更是姿态万千，令人叹为观止，光亭子就有四角、六角、八角、圆形、十字形，还有特殊的流杯亭等。再加上巧妙的布置，形成环环相套、层层进深的景观，体现出丰富多彩、自然和谐的整体美。如万方安和，建于湖中，好像水面上漂浮着的"卍"字，造型奇特，四时皆宜择优居住。汇芳书院东部为平面呈新月形的"眉月轩"伸入水中，是观赏水景佳处。方壶胜境，最南面建筑的底座用汉白玉砌成倒"山"字形伸入水中。洞天深处，是中轴对称式布局，适用于长幼有序、主从分明的封建宗族制度的居住需要。圆明园融国内各民族及西洋建筑特色于一体，山高水长与含经堂广场的蒙古包，是草原民族建筑风格的典型代表。

万方安和烫样

汇芳书院（圆明园四十景图）

伊斯兰教风格的方外观以及反映新疆阿克苏风情的线法墙，生动再现了西域民族的建筑特点。舍卫城效仿古印度桥萨罗国的都城兴建，体现了南亚建筑的风格。西洋楼景区则有意大利巴洛克式、法国洛可可式等欧式风格的建筑，西方建筑形式第一次集中地出现在中国。

前朝区是君臣处理政务之处，采用中轴对称布局。设计上多取方形或长方形，由多进院落组成，讲求礼制，强调尊卑等级秩序，在南北纵轴线上安排主要建筑，在东西横轴线上安排次要建筑，以围墙和围廊构成封闭式整体，展现严肃、方正的秩序。圆明园由于占地面积大，有条件像风景区那样在自然环境里塑造建筑，而不是像大多数私园那样在建筑围起的空间里塑造自然，这就有效地调解了宫殿礼制建筑与园林氛围的矛盾。同时，为了使宫殿建筑与园林格调相和谐，圆明园以皇家建筑的做法为基础，在尺寸和装修上把官式定例稍加变通，既保持了宫殿建筑的特有形制，又使其体量较紫禁城建筑微小，与紫禁城的森然气氛也有区别。建筑的尺度在满足基本需要的前提下随着环境和使用性质的不同而变化，取得了"小中见大"的效果。圆明园占地广阔，环境多变，内容丰富，建筑往往需要采用多种尺度，这一般取决于建筑的使用性质。由于政治上和生活上的特殊要求，圆明园的宫殿礼制建筑虽与常规的宫廷建筑风格有别，但也要讲究轴线对称。轻巧素雅的建筑风格，也只是相对的而不是绝对的，相比于一般的私家园林，又显得堂皇而壮丽。特别是建筑内部的装潢、陈设，更是华丽奢侈，与大内宫殿毫无二致。另外，北方气候寒冷，圆明园建筑不可能像南方那样通透轻盈，而是具有宏伟、庄重、刚健的气度，建筑式样敦实厚重，显示了皇家至尊的气派。部分建筑采用了比较雄伟的歇山式屋顶，屋面以黄、绿、紫色琉璃瓦组成美丽的图案，蔚为壮观。

  关于圆明园建筑的艺术和特色，可以九州清晏建筑群、园亭、游廊、园墙，以及建于地面供交通之用的园路为例来稍做说明。

  九州清晏是帝后寝宫区，主要殿堂布置于中轴线及两端的重要位置上，兼顾生活起居、休息、观景等功能。轴线最北端的九州清晏殿紧邻后湖，特意设计了后抱厦，使之具有良好的景观朝向，以便于观赏后湖周边风光。园林建筑透露着比较质朴的风尚，既标榜节俭，又以素雅的风格形成与自然环境的协调。九州清晏殿北有游船码头，殿内设有东西暖阁（火炕取暖的卧室）及仙楼（室内二层楼，一般供奉神佛）。这样的安排不仅便利了乘船游赏，同时也兼顾了居住的舒适和宗教活动的需求。慎德堂位于九州清晏中轴线以西，是道光常年居住的主要寝宫，为一座五开间的三卷大殿。室内面积为425平方米，并设有东西暖阁及仙楼，还有室内戏台。慎德堂内部以门罩、碧纱橱、屏风间壁，自由划分，不拘常套。它的卷棚屋顶，没有一般屋顶的庞大体积，也没有复杂的斗拱组合，其卷棚的重复，产生了一定的韵律感。慎德堂的外观特色是在方形结构上有三层连接在一起呈波浪形的屋顶，这个波浪形屋顶呈现出园林艺术的活泼风格，在最常用的屋顶形态中显得十分特别。这座殿堂在布局和设计上具有极大的自由度，超越了由僵硬的儒家理念所启发的建筑。慎德堂总工程费用是252000两白银，远超过原来估计的121700两白银的预算。[1]

亭是周围开敞的小型建筑，一般起休憩、点景和观景的作用，是构成景观的重要因素。圆明园有各种形式的亭140余座，种类繁多，造型奇特。有山中亭、水上亭、水边亭、花丛亭、林中亭，以及廊亭、桥亭、井亭之别。亭子的命名也韵味无穷，如荷香亭、浩然亭、清会亭、引溪亭、揽翠亭、知鱼亭、凝岚亭等，平湖秋

---

[1] 汪荣祖：《追寻失落的圆明园》，江苏教育出版社2005年版，第134页。

绿树掩映中的山中小亭

月的夏隐亭四面皆树，至夏，树叶茂密，亭则隐而不见，确是实至名归。树丛中若隐若现的夏隐亭，给人以神秘的感觉，引人入胜。园内多数景群中，都建有亭，也有不少重要风景点，以亭独成景观。如独竖湖心三间见方的重檐亭（鉴碧亭）、雄踞山巅面阔三间的长亭（凌虚亭）、石刻书法名帖的八柱兰亭、形神俱佳的五竹亭、富有诗意的高台桥亭（夹镜鸣琴）等。圆明园的亭与周边环境巧妙因借，功能各异，形式多样。山上的亭如紫碧山房引溪亭便于登高远

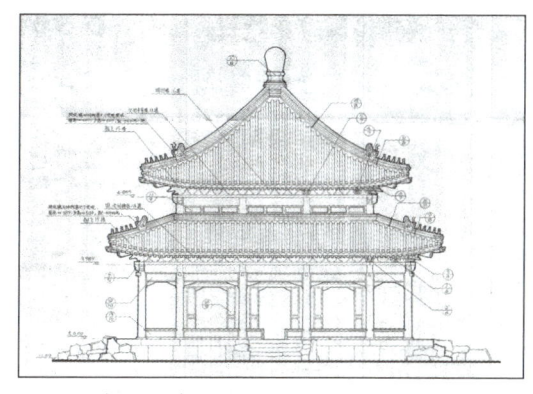

鉴碧亭（新修复）立面透视图

望、俯瞰全园景色。湖中心的亭如蓬岛瑶台瀛海仙山亭虚无缥缈，仿佛使人身临仙境。在造型创造上，运用了最富于民族特征的屋顶精华，从方到圆，自三角、六角到八角，扇面、方胜、梅花、十字脊、重檐、单檐等无所不有，形象丰富而多姿，气势生动而空灵，充分地表现出建筑的灵动之美，静态中具有动势的美感；集中地体现了有限空间中的无限性，也就是"无中生有"的"虚无"空间观念。庄子说"唯道集虚"，正由于"亭"的集虚，才有"纳万境"的独特妙用。

文殊亭

廊是一种狭长的通道，多用于建筑沟通和联系，能随地形地势而蜿蜒起伏，在造园时常被作为分隔园景、增加层次、调节疏密、区划空间的重要手段。圆明园的廊形式多样，有的沿墙而建，有的呈折线形，有的随山势地形之高低而成爬山廊或叠落廊，有的凌驾水面而成水廊。通常有空廊、坡廊、楼廊等形式。方壶胜境的建造，较多地采用楼廊，而且建筑前部分的廊，基本是空廊，后面为坡廊。在其西侧的三潭印月，则有数十米的水廊纵跨水面，透过柱子之间的空间，可以观赏到另一边的景色，像隔了一层纱窗，给人以若隐若现之感。慈云普护南部的游廊，其南北走向的部分，与东西走向的部分一实一虚，避免了单调，设计很是巧妙。东西向廊的南面墙上开设透景窗，形式多变，如圆形、梅花形、十字形、扇形、桃形等，颇具江南园林风韵。长春园思永斋的迎步廊甚得乾隆喜爱，其《迎步廊得句》诗云："步者自为往，廊乎似有迎。一往一迎间，适然佳趣成。"《迎步廊》诗云："廊腰缦转致多情，幽趣因之随步迎。"映清斋的弓形廊临水而建，情趣盎然，乾隆《映清斋》诗云："回廊弯似弓，斋阁据当中。三面全临水，八窗回俯空。"法国传教士王致诚对圆明园廊的优美感同身受，他说："我相信只有在这里才能见到我所描述给你的长廊。它把分散在各处的建筑联系在一起。长廊上有时有壁柱，从外面看是各式各样的漏窗，又有联系殿堂和凉亭的廊子，则是一种柱廊。最令人惊奇的是所有的长廊都不是沿直线伸展的，而是以曲折的形式，绕过假山，绕过树丛，有时还绕过湖泊。"

园墙在园林中的作用根据位置的不同而有较大差异，通常外墙大多做得厚实高峻，以防外人的窥视和安全起见。因此，一般的园林府宅大多呈现出高墙深院的形貌。但在园林内，墙垣的主要功能只是对不同的院落用途或不同的园林景致予以分隔，这就无须坚固异常。为了追求雅致的效果，有的墙用砖石垒砌，并于墙上开设洞门、漏窗，以起到"引景""泄景"作用，有时也用竹木编织的篱笆代替，其上的疏格不仅有漏窗的效用，而且篱边种植一些攀缘开花植物，可使墙体美似花屏，得自然野趣。盛时圆明三园外围达20华里，有围墙约2万延长米。三园既相互毗邻，又各有独立围墙。圆明园的北墙、西墙及长春园的东墙，均为双层夹墙，相邻两园之间也形成双筒子墙。这些夹墙是禁兵的拱卫活动场所。比如绮春园的大墙四围，就配置有侍卫房、诸彻房、堆拨房、闸军房等拱卫哨所 30 余处。为方便出入，在围墙设置了众多园门，仅圆明园就有 18 座。北京风沙较多，园林围墙多作砖墙或虎皮石墙，但圆明园中有很多白粉墙，与江南园林粉墙的素净风格一致，墙上开辟漏窗，形状千姿百态。长廊云墙，疏篱漏窗形成的独特画面，也使园林空间扩大，景观层次分明。有时为营造意境，则通过山体的障景，将围墙掩映起来。有时甚至用山体取代围墙或直接作为围墙的一部分。西洋楼景区的西墙，蓄水楼对面的东墙，谐奇趣对面的南墙等均为西洋风格，墙面用西洋焦点透视法，分段绘画几何形图案，这种墙也被称为"线法墙"。

中国园林追求自然美与人工美的结合，在道路系统的设计上，也是灵活布置，追求自然意趣。尽管皇家园林的建筑相对比较规整，建筑群组之间讲究轴线对称，但也尽可能自由地布置山水和植被，并安排道路在其中穿插、引连，以取得庄重气氛中活泼、自由的情趣。有时候，园路本身就是一种"景"，不仅要注意其总体上的布置，而且也要注意路面的装饰。为了获得自然、野趣的感受，一般尽量选用天然的材料来铺砌，零星散置的一些石板，就好似铺在地面上的毡垫一样。圆明园园路的设计结合环境采用不同的形式：室外的庭院及平整的园路常以方砖砌筑，色彩素雅。为防止积水或风雨侵蚀，登山的踏步、磴道等，则常以条石、湖石、乱石砌筑，有时就在岩石上凿成步印，简练、粗犷，建筑室外的月台大多使用条石铺地，以取其平坦。圆明园在大量使用方砖、条石铺地的同时，受江南园林的影响，也在园径两旁用卵石或碎石镶边，使之产生变化，形成主次分明、庄重而不失雅致的地面装饰效果。常以砖、瓦、条石、不规则的石板、卵石以及碎瓷、缸片等材料，或单独使用，或相互配合，组成丰富多彩的精美图案，尤其是曲折的小径，注重以多种材料相配合，组成色彩丰富的地纹，通常称为"花街铺地"。园内的其他地面同样也经过精心的处理。如含经堂门前的广场，由十字甬路分成四块，北部的两块用花砖铺地，铺成边长13.9米的方形和直径12.5米的圆形图案各一块，其北还有一处铺成书卷形图案，南侧的两块也有少量图案。大宫门外的条石辇道，是御园往西往南沟通的主要道路，为圆明园整体规划的一部分，这条御道处理得十分精心。英军步兵队长瓦尔西礼记载说："有一条石砌的马路，从北京的西直门，

圆明园宫门前条石辇道

一直通到海淀（实际上直通到圆明园大宫门前），因为清帝时常经过这条道路，工部刻意留心，修理得很好。这条马路建筑得整齐精美……极为精致适用，中间微微隆起，两边都有很好的暗沟。若不是因为路上未铺碎石，人们也许以为是一条英国的通衢大道。我在中国所见，这条道路，还是唯一仅有的。"

植物景观

植物以其独特的形态、色彩和芳香装扮了园林。种花、赏花、咏花，可使生活摆脱单调，使人获得享受。欧阳修有诗云："浅深红白宜相间，先后仍须次第栽。我欲四时携酒去，莫教一日不开花。"即充分表达了这种美好愿望。乾隆《御园暮春》诗云："上巳清明都过了，御园花事尚芳菲。"盛时圆明园堪称"皇家植物园"，漫山香花袭人，遍地芳草如茵。四时不败的繁花，配合着蓊郁树木、潺潺流水、岸芷汀兰、鸟语禽声，交织成一幅大自然的美景。领略过圆明园美景的西方人对其植物景观有精彩描述。传教士王致诚说："所有的山丘都覆盖着树林和花卉……岸边遍植花木，它们都是从岩缝里长出来的，仿佛自然生长的，花木四季不同。"英军步兵队长瓦尔西礼记述道："由（正大光明殿）宝座后面，经过一架屏风后，就进入花园里面，看见纵横交错、收拾整洁的散步夹道。两旁环以绿草丛生的高坡，顶上密密种植着各种树木，凡在中国所能找到的，应有尽有……石隙之间，有苔藓和羊齿菌等丛生。奇特的灌木和矮树，按照中国园丁所认为最完善的方法，阻其滋长，使得保持矮小的姿态，四面蔓生着。"由此可见，瓦尔西礼描述的还有中式盆景。

圆明园植物品种繁多，奇花异草、古树名木遍布全园。除根据需要分别点缀的花木之外，不少地方还专设了以观赏某种花木为主的景点。牡丹台、竹子院、梧桐院、杏花村、桃花坞、芰荷香、君子轩、松风萝月，以及深柳读书堂等景点，均以植物风景特色著称。园内有松、竹、柳、荷、梧桐、枫树、海棠、山桃、文杏、玉兰、牡丹、月季、菊花、兰花、藤萝等百余种乡土花草树木，并且还引种有江南、塞北、西疆以及南亚的不少树木花卉。据乾隆朝"莳花碑"所记，园内专门管理花木的太监、园户、花匠多达300余人，另有太监经营果园、菜畦。由于他们辛勤的劳作，满园之中，"露蕊晨开，香苞舞绽，嫣红姹紫，如锦似霞。虽洛下之名园，河阳之花县，不是过也……二十四番风信咸宜，三百六十日花开似锦"。嘉庆朝《圆明园内工则例》列有"树木花木价值则例"，收录近80种树木花卉。

圆明园有专辟的果园、菜畦、苗圃，常常克服气候中的因素，大量培植江南的花卉树木，

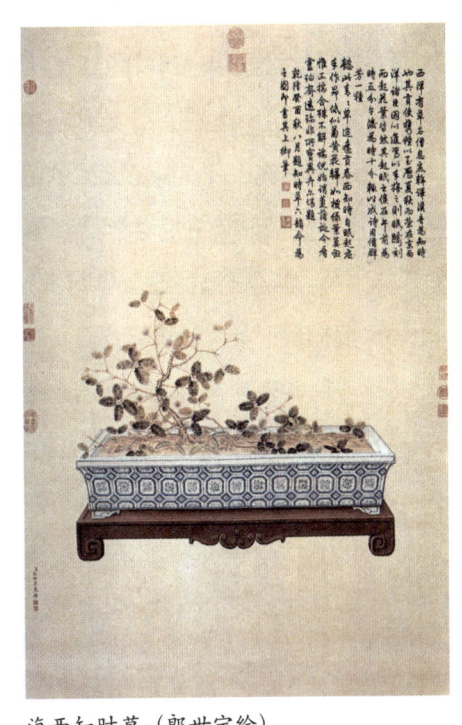

海西知时草（郎世宁绘）

如梅、兰花、芭蕉等等。乾隆曾作诗道,"盆梅自南来,远辞江国云",含经堂前的古梅直接取自嘉兴烟雨楼。淳化轩庭院中种植的天台松和梅花,品种也来自江南,特别是两株梅花直接植于地上,极其罕见,乾隆夸耀道:"盆梅不一足,庭梅北地稀。南喧北地寒,气候谁能够。然而有权衡,亦在人之为。"圆明园是花木繁殖、繁育的实验园地。园中不仅构置酷暑中使用的"荫棚",避免强光照射花卉,而且有越冬贮花的"窖房",窖房内设有烧柴草的"火墙""暖地灶",以保证花期控制和四季花卉观赏。乾隆时,御园经常进行花木移植、控制花期、改良品种等实验性栽培,改变了古典园林一味顺应自然时序,单纯借花木造景的传统。圆明园的花洞内有专用于培养特定品种的花房,如乾隆五十六年(1791)有菊花房一座三间,茉莉花房一座九间,兰花房一座九间,松树花房一座五间。越冬藏贮的暖房和控制、把握花期的技术能够保证帝后四时赏花,达到"别苑花事无阑珊"的效果。

圆明园植物造景具有多元化和多层次性。在一个景群内部,根据地形条件、建筑特点、园林功能及花木习性等要求,既突出一两种植物,造成强烈的个性特征,又尽量避免单调。植物配置因景而异,景与景之间各具特色。一些观赏价值较高的名木佳卉,皆配置有重要景点。园内有许多盆栽观赏树木和花卉,在一些假山上,爬满了紫藤、爬山虎等落叶藤本植物。西洋楼的花木配置和修剪,采用西方的几何形式和中国的自然风景形式双管齐下,根据视景观需求而灵活布置。如观水法前是少量的修剪成规则几何形的绿篱和九节线法松,线法山西门是低矮整齐的松柏,线法山上是自然形态的松树，线法山东门两侧的水池后，是自然形态的假山石和混植花木，线法画周围种植了自然、高大的楸树。园内有不少"景"是以花木作为造景主题的。如牡丹在花中向以富贵见称，有"花王"之誉。刘禹锡诗云"惟有牡丹真国色，花开时节动京城"。圆明园牡丹台种植各色牡丹数百本，是观赏牡丹之处。碧桐书院，种植梧桐数株，寓意清雅、高洁，是读书的好地方。三友轩，屋外栽植松、竹、梅，取"岁寒三友"之意。杏花春馆以杏花为主，配以松树、玉兰。松风萝月以松和紫藤相配。"武陵春色"以桃花为盛，"濂溪乐处"以荷花为主，"洞天深处"则以幽兰见长。长春园的"榴香渚"亭外四周环山皆植各种石榴。五月花开之时红白相间，有若织锦，亭东湖内遍植荷花，盛开时宛如绿天花海，一望无际。沿湖多植垂柳，河内红蓼掩映。

松、柳、竹、荷为圆明园四大园林植物。北方每年花木落叶时间长，因此多用常绿树为主，大量松柏遂为园林主要植物，既取常青不老之意，也亦与山、水、建筑相契合，避免景色的单调和枯寂。柳宜濒水，南方园林少见密柳是因为其园林风格小巧玲珑，若沿水栽种，如同帷幕一样遮挡了视野，占据了有限的空间，反而容易弄巧成拙。而圆明园规模宏大，高柳侵云，长条拂水，别饶风姿，为园林生色不少。苏东坡云："宁可食无肉，不可居无竹。无肉令人瘦，无竹令人俗。"天然图画的植物配置设计匠心独运，北部庭院中，"修篁万竿、双桐相映"，以竹林为主，清爽宜人，潇洒大方，所以也称竹子院。院中栽竹，配以粉墙，粉墙竹影，无异画本。南部池中有小岛，以自然布列的汀步与岸上相联系。小岛上叠石培土,植了几株青松。池北岸,靠漏窗花墙处,重点点缀了几棵花木。池南岸,有栽满乔木的土山作为绿色的屏风。南北取材不同,景观色彩既丰富又能随着时令而变化。夏天,竹深荷静,清香四溢,生机勃发,使人"绿满襟袖"。严寒季节,也并非一片光秃,自有常绿的青松和翠竹与白雪相映,组成一幅冬令的天然图画。"亭亭玉树临风立,冉冉香莲带露开","绿池泛淡淡,青柳何依依"。荷花因生水中而独具风韵。周敦颐《爱莲说》将之比作花中的君子,说它"出淤泥而不染""香远益清"。荷是圆明园最主要的水生植物,以荷为景观元素的景点很多,大规模种植荷花的濂溪乐处和曲院风荷更是赏荷佳处。

清帝经常写诗咏御园花木,并经常参与种松、移竹、赏荷、观梅、看红叶、观稻麦等活动。雍正《葡萄院》诗云:"西域传奇种,园丁献早秋。"梁州恭进的牡丹,雍正指令种植于御园。暹罗国进贡十九种果木,共九十株,雍正指示在圆明园等处

雍正赏花图

培养。福建海关监督呈进番薯苗六桶,雍正下旨交圆明园栽种,并命随来会种番薯苗之人俱留下,指教本处人栽种,待本处人于种法通晓时再返回南方。乾隆曾移植花冠硕大、花呈黄色的蜀荷到圆明园。乾隆尤其喜爱玉兰花,西峰秀色含韵斋是观赏玉兰佳处,庭前有玉兰六株,乾隆以"竹溪六君子"喻之。思永斋玉兰堂前,有一棵玉兰,枝繁花盛,因而以花名堂,乾隆《思永斋咏玉兰》诗云:"一株香满院,万朵静迎窗。"天然图画五福堂堂阴有一株玉兰树,是圆明园初建时所植,乾隆儿时常至花下游玩,

天然图画(圆明园四十景图)

视之为同庚。此树被称作御园玉兰之祖。乾隆五十一年（1786），乾隆又至堂中看花，似故人重逢，遂成《五福堂玉兰花长歌志怀》，并立卧碑于庭，将诗刻于其上，同时进行点缀文石等环境美化工作，玉兰树也略微修剪，第二年春，花开异常繁盛，乾隆因此又屡有题咏。此时他已年近八旬，感慨颇多，有诗句云："御园中斯最古堂，其年与我相伯仲。清晖阁松及此花，当时庭际同植种。"清晖阁原植九株乔松，乾隆"从幼看枝放"。乾隆二十八年（1763），九松尽毁于火灾。清晖阁的假山上也栽有松树，松云楼为清晖阁四景之一，乾隆《松云楼》诗云："假山之上峙真松，时蔚英英云态浓。"乾隆还有一首《移松》诗，记述了移植假山松树之事，诗注说："兹御园假山，林丞初种时图美观，所植益密，枫柏之类已长，而松犹低伏，雨露风日之恩率彼速成者侵之，不可听其然，亦所以惜良材也。"嘉庆即位后最初的三年被太上皇赐居于长春仙馆，嘉庆多次诗咏长春花，此花即月季花，由嘉庆御赐其名，嘉庆有诗句云"长春花发长春馆"。

　　圆明园的花木培植和植物景观营造，一方面与后妃宫眷以赏花为乐有关，如乾隆生母孝圣皇太后一生爱花，甚至亲自栽培、浇水和施肥管理。乾隆孝贤皇后，不仅爱花，且"喜摘花插瓶"和"自作簪花，簪发自娱"。另一方面，与康熙、乾隆赏花喻理的思维方式有关。康熙认为："花者，草木之性，无性则无以繁衍，天地万物之理。故花能悦人寓理。"乾隆对祖父的"花理"心悦诚服，他说："皇祖花理至明，万物一理备括。别苑自当引花木来植，以育洁身自好之心。"植物除表现自然情趣外，还常常被借来寄情、寓意、比德，以此抒发志趣。对于植物品种的观赏和喜好，受到我国古代文化，包括绘画和诗文的影响，其中若干品种被赋予了不同品格，分别寄托不同的思想感情，甚至将其形象或属性予以人格化。如松柏的坚贞不渝，梅的暗香雅韵，荷的清香益远，竹的高风亮节，兰的幽谷自芳，菊的操介清远，牡丹的国色天香，石榴的多子多福，萱草的解愁忘忧等，这些花木均有不同的审美品格，成为园中备受喜爱并运用娴熟的植物素材，圆明园植物景观也因此具有典型的文化内涵。

动物情趣

动物是中国古典园林的重要组成要素，在中国造园史上，对动物景观的处理，有悠久历史。在3000多年前，周文王以利用自然为主的大型园林中就畜养了鹿、兔等供狩猎和观赏的各种动物。动物景观的布置，是中国古代造园艺术的重要内容，有许多独特的技艺，举凡鸟兽虫鱼等各大类品种的选择、畜养方法、驯服技术、繁殖优化等等，都为园林平添了许多乐趣。莺歌燕舞、鱼跃鸢飞，带给园林无限的生机与活力。"明月别枝惊鹊，清风半夜鸣蝉"，别具韵味；孔雀开屏，鸳鸯戏水，令人不由驻足；虎啸猿啼，鹿鸣鹤舞，尽显天然野趣。中国园林正是因为有了鸟兽虫鱼的融入，才更具有返璞归真、乐而忘归的意境，才营造出了天人合一的境界。

盛时圆明园堪称一座"皇家动物园"，珍稀动物有白猿、麋鹿、朱鹮、仙鹤、孔雀、天鹅以及五色锦鲤等。园内养鹤颇多，既需剪羽，又要喂粮，乾隆二十七年（1762）奉旨放鹤，任其自便，但鹤终不远去，乾隆曾屡作"放鹤"诗以记其事。西洋楼养雀笼的南北侧室内笼养、展陈孔雀等鸟类，是一个开敞的禽鸟展览场所，故得名养雀笼。光是此处，常年笼养的各种鸟类就有400多只。福

孔雀开屏图（郎世宁绘，现存台北故宫博物院）

鱼藻图（郎世宁绘）

海是水生动物的天堂，内有鱼类、蛙类等大量水生动物活跃其间，传教士王致诚记述道："水滨复有无数禽笼鸟室，畜水禽者则半入水中，半居岸上。在陆则有兽圈猎场。沿途时遇此小建筑也。有金鱼一种，视为珍品。鱼身大半作金黄色，然亦有银色与蓝红绿紫黑及胡麻炭色者，又有诸色混合者。园中鱼沼甚多，而以此为最。因其面积大也，沼有细铜丝网作篱，以防鱼之散布全池。"

景观概览

前朝区

为帝王将相专属活动区,主要包括大宫门内外朝房、正大光明景群、勤政亲贤景群三部分。大宫门内外分布着政府各部门的衙署,正大光明殿相当于大内太和殿,是举行朝会和重大典礼的场所,勤政亲贤殿是皇帝日常办公的地方,相当于大内养心殿。

正大光明

位于圆明园大宫门内,为"圆明园四十景"之首,是前朝区主体。南起宫门前大影壁,北至正大光明殿后寿山。圆明园正宫门设内外两道门殿,前曰大宫门,内曰出入贤良门。出入贤良门骑南墙而建。在出入贤良门和大宫门外,分列东西朝房和转角朝房,为六部九卿值所,其外侧设东西如意门和东西夹道门。朝房再南则圈建彩油木栅栏"挡众木"。这些属于圆明园的宫门禁区。

大宫门为南向五间门殿,门楣悬挂雍正御书"圆明园"匾。此门专供皇帝出入,东西分设左右门,大臣从左门,太监杂役人员从右门出入。大宫门前为倒"丁"字形石路,正南为大影壁。丁字路向西可通至万寿山,向东折而东南即是通向西直门的条石辇道。大影壁南侧，辇道东西皆为湖，是谓扇面湖。出入贤良门亦为南向五间门殿，门左右有顺山值房各五间，为部院臣工入值候旨之所。东西设两罩门，东罩门为各衙门凌晨呈递奏折之处，俗称奏事门。出入贤良门前筒子河河形如月，中架石桥一座，其东西各有一座板桥。出入贤良门外，是来京外藩王公和藩属国使臣觐见清帝的处所之一，称为"瞻觐"。凡武职官员和侍卫在园内引见，皇帝要在贤良门外考校其射箭技术，谓之校射。

正大光明殿为御园正衙，是清帝举行朝会、宴请外藩、寿诞

正大光明（圆明园四十景图）

受贺以及科举殿式等重大活动的场所。该殿为一座面阔七间、单檐灰瓦卷棚歇山顶建筑，四面围廊。建在一座高约1.3米的宽大月台上，外部风格朴实无华。殿前有东西配殿各五间。殿东为叠落游廊。这座院落的围墙为石基粉体灰瓦顶，同周围的环境协调一致，表现出园林建筑的格调。四望墙外，只见"树木阴湛，花时霏红叠紫，层映无际"。殿后是寿山，山不太高大，但遍植树木，一片葱茏苍翠，满山剑石竖立，峻峭挺拔。

勤政亲贤

位于正大光明殿之东，是清帝在园内听政和处理日常政务之所。建筑规模庞大，密密层层，主要由四个院落构成，各院落之间有回廊连接。院落里布置着奇石，种植着名贵花卉，环境优美。

最西部为洞明堂所在院落，洞明堂是每年秋审时，皇帝审核勾决人犯的"勾到"之处，功能类似于大内懋勤殿。洞明堂东邻为勤政亲贤殿，该殿为南向五间殿，前后各接三间抱厦，是清帝"御门听政"及平日批阅奏章，召对臣工和会见外藩王公之处。殿内宽敞明亮，正中是皇帝的宝座，殿前院落呈现一派清幽雅静的气氛。勤政亲贤殿东北的一所院落里有飞云轩、怀清芬、秀木佳荫、生秋庭诸建筑，其中怀清芬殿，亦是清帝进早膳和办事、引见官员之所。这一组院落东边是芳碧丛、保合太和、富春楼系列建筑。

九州区

九州景区，位于前朝区正北，是前朝区中轴线的延续，是圆明园景色最优美、功能最齐备的核心区。具有"内寝"和"御花园"的双重功能。在园林布局上摹仿国家疆域,西北高东南低,按"禹贡九州"的立意围绕后湖设计九个功能和情趣各不相同的岛,象征着江山一统。各岛独自成景,又互有因借。为借西山之景,引景入园,西岸不堆山,不建楼,视野开阔。而后湖东西、南北各200米左右的宽度,在视觉上恰好取得最佳的观赏效果。

九州景区全景图

九州清晏

位于正大光明正北之前后湖间大岛上,为帝后寝宫区,四围环水,交通依赖桥梁与游船。本景是后湖四周九座岛屿中面积最大的主岛。因是御园内围禁地,除近侍太监、宫女外,闲杂人等均不得擅自进入。

中轴线上自南向北分布的圆明园殿、奉三无私殿和九州清晏殿合称圆明园三殿。圆明园殿悬挂康熙御书"圆明园"匾,是园

内最早的建筑之一。奉三无私殿是每年正月举办宗亲宴之处，通常也是各部院衙门向皇帝呈览贡品、物件、图册的地方。九州清晏殿初建时即是清帝主要寝宫，雍正正是驾崩在此殿。乐安和在奉三无私殿西侧，是乾、嘉时期皇帝的寝殿，道光中叶改建

九州清晏（圆明园四十景图）

为慎德堂。清晖阁居乐安和西侧，被乾隆称为"御园第一避暑地"。乾隆每于元宵节前夕，在这里张灯列宴，侍奉皇太后庆赏。道光喜居慎德堂，他本人病逝于此。同道堂在九州清晏殿西侧，为道光朝添建，咸丰特喜在此园居。天地一家春为中轴线东侧后妃寝宫诸院的统称，嘉庆出生在这里。

镂月开云

位于后湖东岸南部，四面山环水抱。以牡丹著称而得名牡丹台，在康熙朝即是胤禛花园的主要景观之一。镂月开云楠木殿为本景前殿，南临曲溪，殿前以文石为坡，楠木都保持原有的纹路和色泽，别具清雅趣味，殿顶用琉璃瓦砌成图案。乾隆御制《镂月开云》诗序云："殿以香楠为材，覆二色瓦，焕若金碧。前植牡丹数百本，后列古松青青，环以杂花名葩。"园林学家陈从周

说"牡丹香花,向阳斯盛,须植于主厅之南",是处的牡丹即如此种植,因此牡丹特盛,花开时争奇斗艳,煞是好看。雍正《牡丹台》诗云:"叠云层石秀,曲水绕台斜。天下无双品,人间第一花。艳宜金谷赏,名重洛阳夸。国色谁堪并,仙裳锦作霞。"

镂月开云(圆明园四十景图)

　　康熙曾12次临幸圆明园游赏进宴,其中多在牡丹盛开季节莅临。最末一次是康熙六十一年(1722)农历三月二十五日,康熙专程来欣赏牡丹,陪同侍奉的还有年仅12岁的皇孙弘历。康熙见到聪明伶俐的小皇孙,异常喜爱,传旨将弘历招入宫中培养。就这样,主宰中国命运长达130余年的康雍乾三代天子,在这里汇聚一堂,被传为佳话。乾隆登基后为纪皇祖之恩,手书"纪恩堂"匾额,悬挂于镂月开云殿内,并御制《纪恩堂记》。

碧桐书院

　　西南濒临后湖,俗称梧桐院,是一处山阜环绕的园中园,四边围以土山,与外隔绝,造成静室读书之意境。园林建筑由错落有致、形态各异的庭院组成。植物以梧桐著称,庭院中挺立着如盖的梧桐,环境清净幽雅,确是读书的好地方。

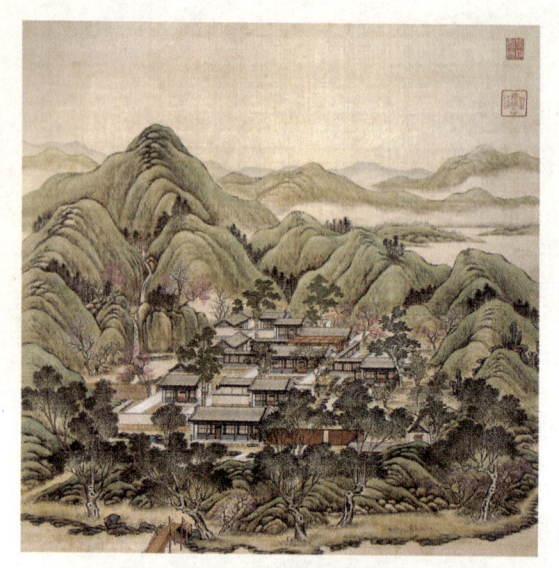

乾隆御制《碧桐书院》诗序曰:"前接平桥,环以带水。庭左右修梧数本,绿阴张盖,如置身清凉国土。每遇雨声疏滴,尤足动我诗情。"诗云:"月转风回翠影翻,雨窗尤不厌清喧。即声即色无声色,莫问倪家狮子园。"相传元代画家倪云林最好

碧桐书院(圆明园四十景图)

清洁,庭宅植梧桐六株,日令书童洗刷。倪云林曾绘苏州狮子林图卷,乾隆误以为是倪之别业,故有"倪家狮子园"句。本景庭院较多,各院落参差不齐,每个院内种植梧桐,绿荫如巨大的伞盖,房舍及庭院之内,均有荫凉之感。园林建筑的房顶均采用硬山卷棚顶,一部分庭院分隔采用竹篱,中部院落尚有大面积葡萄架,白色围墙较多,连廊较少,富有民居情调。

坦坦荡荡

位于后湖西岸南部,俗称"金鱼池"。四面环水,四周建置馆舍,中间开凿鱼池。西、北外侧复围土山。鱼池内外叠石颇多,是皇帝饲喂与观赏金鱼之处。

坦坦荡荡仿杭州清涟寺里的"玉泉观鱼"而建。因寺内有泉,而凿放生池,成为观鱼胜景。坦坦荡荡的造景既不受寺庙庭

园的束缚，也未拘泥于院中凿池的格局，而是突出观鱼的主题。岛中凿规模宏伟的矩形鱼池，四周以花岗岩大条石垒砌，中筑平台，上建敞厅，台的三面平桥与池岸通连，池成"品"字形，均饰以汉白玉栏杆，凭栏俯槛，扩大了观鱼的功能。北侧鱼池内还精心设计了一座木构曲桥与方亭，是专为帝后嫔妃凭栏观鱼方便和安全而建造的，池内还特别修造了6座圆形的、大小不一的下沉式鱼窖，为金鱼过冬之用。

坦坦荡荡（圆明园四十景图）

圆明园的大小水体多作不规则形，用天然石块护岸或做成自然坡岸，本景的观鱼池，却作规则的矩形，四周是整齐的石岸。池中布置了体态优美的湖石，并疏疏落落地种植了浮萍。池东的"知鱼"亭点明了观鱼功能，"鱼乐人亦乐，泉清心共清"。

西北区

西北区是指九州景区以西以北、福海景区以西以北的区域。有寓意昆仑山的圆明三园制高点紫碧山房、皇家祖祠安佑宫、皇家藏书楼文源阁、皇家大戏楼同乐园、皇家宫市买卖街等景点。多组功能不同、风格迥异的宗教建筑、买卖街、藏书楼以及园林小品成组成群,作集锦式布局,串联成有机整体。青山逶迤,河湖交织,造成开合变化、层层叠叠的园林空间。加上平展开阔的水田和茂盛的林木花卉,使这一区域呈现一派花团锦簇,气象万千的画面。沿北墙的一系列园林小景,布列北溪河两岸,婉转多姿,丰富了风景层次,小中见大,顾盼自如,成功模拟了江南风光和自然田园景色。

长春仙馆

位于正大光明之西,初名莲花馆。自雍正七年(1729)起成为皇四子弘历(乾隆)的赐居之处,雍正并赐弘历雅号"长春居士"。乾隆十三年(1748)前仍为乾隆孝贤皇后宴息之所。乾隆元年(1736)定名长春仙馆,并增饰为皇太后在御园的驻憩处所,乾隆四十二年(1777),孝圣皇太后病逝于此。嘉庆即位最初的三年被太上皇赐居于此,是谓"训政三年居仙馆"。道光中叶改建九州清晏寝宫区时,道光亦曾在此寝居。是处可谓御园第

长春仙馆(圆明园四十景图)

二帝后寝宫区。

本景四围山环水绕,岛上有梧有石,景色明丽,屋宇深邃,重檐曲槛,逶迤相接。有长春仙馆、丽景轩、墨池云、春好轩、随安室、含碧堂、林虚桂静、抑斋、古香斋、藤影花丛、鸣玉溪等景观。其中含碧堂、随安室、抑斋和古香斋均曾为乾隆的书房。

山高水长

位于圆明园西南隅,楼宇远对西山。这里地势平展,视野开阔,四周树木掩映,西南北三面河水环绕,东面后倚坡冈处有西向重楼。登楼眺望,一派山清水秀景色。由于地面宽阔,偏处一隅,遂成为每年新正清帝设武帐筵宴朝正外藩和平时侍卫骑马校射的场所,每岁元宵灯节,照例在此举行大规模的烟火盛会,这里也是皇帝平时宴赏来京外使之地。

主建筑山高水长楼又称引见楼,为西向九楹的两层楼。每岁灯节,皇帝一般在楼下观看烟火,后妃则在楼上陪同。十三所位于山高水长楼南侧偏东山环里,由十三个南北排列的院落组成,是烟火盛会等各种活动的保障服务处所。山高水长楼前远方之长

山高水长(圆明园四十景图)

溪,是圆明园的进水河道。玉泉、万泉两水系,在圆明园南侧汇成高水湖,北流至进水闸注入园内。正如乾隆所云:"园中诸湖皆由此楼前长溪流注。"山高水长的园林植物,以常绿乔木和落叶乔木为主。乾隆曾在此栽植松树,并有御制《种松》诗,勒于《土墙》诗碑阴。这里也有皇帝演耕用的田地,乾隆于每年清明在先农坛行"耕耤"礼前后,曾多次在山高水长"演耕",嘉庆还曾在本景设坛祈雨。

万方安和

位于山高水长东北,俗称万字房,是清帝的重要寝宫。在通风、保暖和采光等方面都有独到之处,具有冬暖夏凉之妙,四时皆宜择优居住,雍正特喜在此园居。本景以一片南北纵深205米、东西宽约130米的湖水为中心,四面岗阜起伏环抱,镜湖倒影,景界开阔明净。十字亭、万字房南北凌波分立,互成对景,风景幽雅。

主建筑万字房矗立在碧波如镜的水池中,是一座33间,成"卍"字形的大型殿堂,东西南北室室曲折相连,各间的面阔、进深均等。随朝向、阴阳与季节之不同,各区域室内的温

万方安和(圆明园四十景图)

差也随之变化。冬季,西北两路遮挡住寒冷的西北风,东南则向阳温暖。夏季,水面温度较陆地凉爽,轩窗四启,内外空气流通,暑热顿消。可以根据季节的交替随意选择适宜的房间居住。万字房外形美观,造型独特,其条石基础深埋湖底,整个建筑犹如漂在水上,仅设桥与岸相连。南面水域外有堤,堤上建有平面为"十"字形的亭,西侧设有船坞,隐于水域支汊之内,乘船可直达这座建筑的临水台阶。

鸿慈永祜

位于圆明园西北部,亦称安佑宫,为御园皇家祖祠。循景山寿皇殿"敬奉神御(皇帝御容画像)"之义而建,乾隆八年(1743)建成,是年即供奉康熙、雍正御容于殿内。凡皇帝从宫内迁来御园和迁回宫内之日,外出巡游离园和返园之日,上元日、中元日、清明,皇帝本人生日及先皇诞辰、忌日等,清帝皆至安佑宫叩拜行礼。按清代定制,景山寿皇殿除供奉列祖列宗御容外,每于除夕、元旦还要供奉列后神御一同瞻拜。但安佑宫,则唯供清帝御容,而"未及列后"。

本景规模宏大,格

鸿慈永祜(圆明园四十景图)

局严谨，从南到北贯穿着一条中轴线，以节奏鲜明的建筑空间序列渲染了祭祀的庄重气氛。主殿为黄色琉璃瓦重檐歇山顶，是园中最为壮丽的殿堂，规格高于御园正殿正大光明殿。最南边以一座牌坊和四根华表形成了第一个组群，周围有土山及苍松翠柏相烘托，是整个建筑群的序幕。由此沿甬道向北过月河桥，即可抵达宫前广场。广场的东、南、西三面是三座牌楼，北面是琉璃门，进门之后，再度跨过石桥，迎面是五开间的安佑宫宫门，也是黄琉璃瓦歇山顶，坐落在高起的须弥座上。它的体量和样式即已预示着其内不同凡响的主体建筑。宫门内是由第二道院墙围护着的一个大院。安佑宫九间大殿就巍然矗立在汉白玉雕砌的月台上。月台东西两侧设有碑亭和配殿。这组建筑尽管在"中轴对称、红墙黄琉璃瓦、大木大式的斗拱结构、崇基石栏"等方面，体现了礼制建筑的规制，但所处仍属自然山水环境。四外有岗阜相拥、河渠环护，体现了乾隆所说"周垣乔松偃盖，郁翠干霄，望之起敬起爱"的氛围。

紫碧山房

位于圆明园最西北隅，以人工山地为主，景观散布于土冈石峰间，为全园"山起西北"之首，有昆仑山的寓意，形成统揽全园的制高点。登临山顶，俯瞰远近，满目皆景，处处入画。近有圆明园景，远可见万寿山、玉泉山以至西山群峰，借景手法运用得恰到好处。

主建筑居中，共有两进院落，随地势而南低北高，北端有石山屏障，颇具气势。建筑群西面临湖，对岸就是圆明园西墙。建筑群东侧，延伸着两脉石山，两山夹谷，山谷向南敞开。山中有回转相通的石洞，亭台馆榭散布山间。南北中轴线上的正殿名为"紫碧山房"，后面是"横云堂"，再后为"乐在人和"。景晖楼、丰乐轩、霁华楼、石帆室、坐霄汉、纳翠轩等建筑散置在中轴线以东山上。其西翼就水中而建者是澄素楼，再西北有引溪亭。亭台楼阁都建造在山上，而且还有水池在山中，可见此处山体具有相对的高度和广度。紫碧山房西北有一南北走向的溪流，溪水从碎石铺砌的河床上叠落而下，经过引溪亭汇入澄素楼所在的水池。由于地势落差，湍急的溪流呈现出水花飞溅如雪的景象。紫碧山房以东为"御菜园"，顺木天在其东偏，是座八方二十四柱的高台大亭。

濂溪乐处

位于鸿慈永祜之东，中心是一个被湖面和小溪所包围的大岛，最外层则被山脉团团围住。岛上主建筑"濂溪乐处"是座大型游憩寝宫，濂溪乐处东边的"芰河深处"和香雪廊，由立柱承载，探入湖中，架空围合成一个方形水庭。信

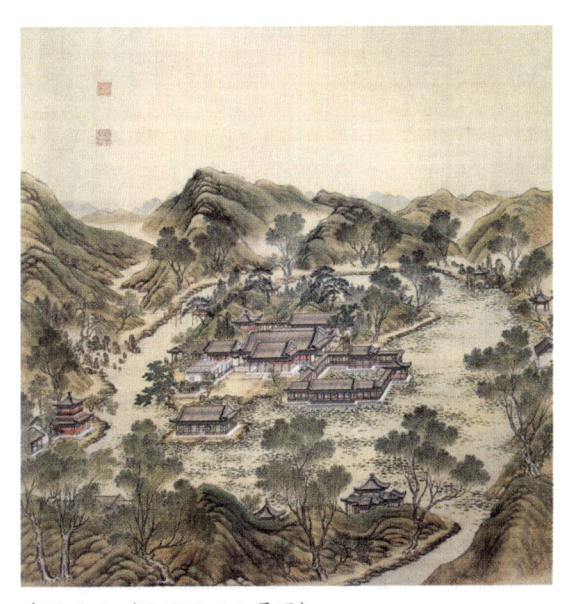

濂溪乐处（圆明园四十景图）

步游廊，俯瞰水庭时，很容易为其天光云影所陶醉。水中遍植荷花，乾隆直言"前后左右皆君子"。他认为，园中各处所种荷花，以此处最为茂盛。由于廊榭下部水体相通，荷花就会逐渐由外湖侵入水庭，建筑好像是浮在莲花上。

汇万总春之庙俗称花神庙，是一组独立的院落，位于濂溪乐处湖面南岸。正中主院南设门殿，院北筑五间正殿，祀供花神牌位。院东北为披襟楼，西侧另有味真书屋、敞轩、方亭等建筑，以曲廊串联，还在岸边构筑了一座模仿船舫的宝莲舫。

澹泊宁静

位于后湖景区正北，俗称田字房。主建筑是座"田"字式大殿，"仿田字为房，密室周遮，尘氛不到"。田字房殿外稻田弥望，河水周环，乾隆为皇子时所写《田字房记》云："皇父万几之暇，燕接亲藩游豫于此。是地也，西山远带，碧沼前流，每当盛夏，开窗则四面风至，不复知暑。其北则稻田数亩，嘉禾生香蔼闻于室。"

此处前后临水，建筑不多，环境幽静，借用山水之情，以青山为"宁静"体，以绿水为"澹泊"容，有效演绎了诸

澹泊宁静（圆明园四十景图）

葛亮《诫子书》中"静以修身，俭以养德。非澹泊无以明志，非宁静无以致远"的传统伦理。

水木明瑟

位于澹泊宁静之北，俗称风扇房。主建筑为坐北朝南、骑溪而建的三间殿宇，该殿实为采用西洋水法引水入室、推动风扇转动，以供皇帝消暑的风扇房。乾隆御制《水木明瑟》词序曰："用泰西水法引入室中，以转风扇，泠泠瑟瑟，非丝非竹，天籁遥闻，林光逾生净绿。"乾隆《水木明瑟》词云："林瑟瑟，水泠泠。溪风群籁动，山鸟一声鸣。斯时斯景谁图得，非色非空吟不成。"水木明瑟殿旁竖立一峰大型太湖石，镌刻乾隆御书此首《水木明瑟》词。这里的西洋水法风扇，是我国古典园林首次引进西洋喷泉。

水木明瑟（圆明园四十景图）

文源阁

位于水木明瑟之北，是一处以藏书楼为主体的景观。原是一座四方重檐的四达亭。乾隆四十年（1775），改建成文源阁。文源阁仿浙江宁波天一阁而建，与紫禁城文渊阁、避暑山庄文津阁、沈阳故宫文溯阁，同为收贮《四库全书》之所，合称"内廷四阁"。

建成之初,即收贮《古今图书集成》一部。乾隆四十八年(1783),《四库全书》第三部完成,即贮于文源阁。

藏书阁坐落于长方形庭院的北侧,阁前为水池,池南有一座东西铺陈的大假山,宫门置于假山南侧、藏书阁的中轴线上。入宫门后或穿过山洞,或经崎岖的磴道,绕过水池,方可到达藏书阁。阁为南向六间卷棚歇山两层楼,覆黑色琉璃瓦,嵌绿边,有加强防火的寓意。阁东为碑亭,亭内石碑用满汉文刊刻乾隆御书《文源阁记》。

阁前的方池不仅衬托了建筑和附近的奇石,而且也是用作救火的蓄水池,建筑附近未种植树木,也是为了防止虫蚁接近。玲峰石为方池中巨型湖石,产自京西房山,高约六七米,体积庞大而又玲珑剔透,共有大小孔穴84个,这就是被乾隆称之为比万寿山青芝岫"有过无不及",比宋代书画家米芾的"八十一穴异石"还要"过犹远"的西山神产。该石有乾隆御题"玲峰"二字,并刻有乾隆三首御制诗,及词臣彭元瑞、曹文埴等人诗咏和"异石超三洞"题记。

文源阁西北柳荫间,竖有一座汉白玉石坊,坊楣刻乾隆御题"柳浪闻莺"四字,

玲峰石

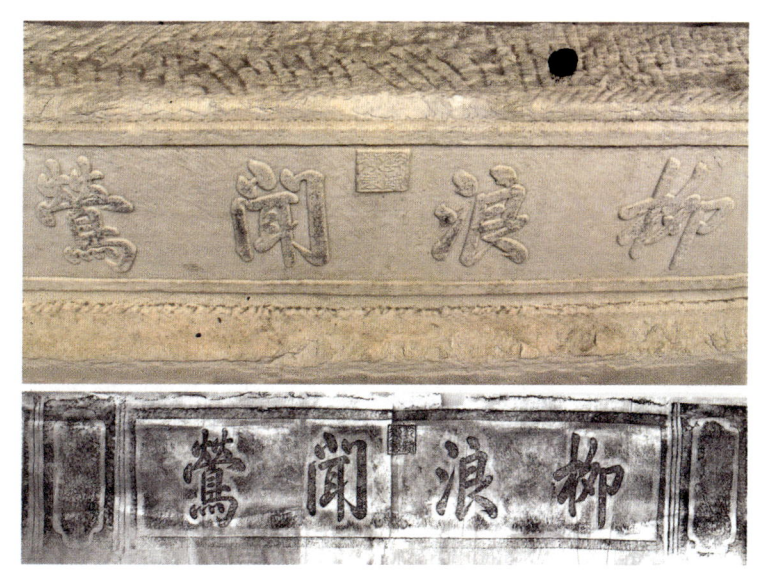

柳浪闻莺石坊坊楣及拓片

坊阴诗云："十景西湖名早传，御园柳浪亦称旃。栗留叽啭无端听，讶似清波门那边。"这就是柳浪闻莺，景名取自杭州西湖同名景。此处垂柳成荫，微风吹来，万千柳枝迎风摇曳。浓荫深处，不时传来莺啼阵阵，清脆悦耳，取名柳浪闻莺，也是名副其实。

坐石临流

位于九州景区东北侧，是极具文学韵味的景观。中华自古就有上巳节（农历三月初三）举行修禊活动的习俗。修禊是上古时代人们在春天临水洗涤清洁以祓除不祥的一种巫祭礼仪活动。至汉代演变成世俗性的春游盛事，出现了禊觞、禊饮等形式。东晋永和九年（353）清明上巳，发生了中国文化史上的一件盛事，也成就了中国书法史上的一座丰碑。这天，书法家王羲之和名士谢安等 41 位文人雅士，为过修禊日宴集于绍兴兰亭，作文吟诗，流觞取乐。"此地有崇山峻岭，茂林修竹，又有清流急湍，映带左右，引以为流觞曲水，列坐其次，虽无丝竹管弦之盛，一觞一咏，亦足以畅叙幽情。"他们列坐水边，让盛酒的羽觞从上游循流而下，流到某人面前，某人即席赋诗，不然就罚酒三觞。这次聚会有 26 人作诗，共 37 首，王羲之为这些诗作了序，记下宴集的盛况，并写出与会诸人的观感，这就是《兰亭序》。他还当场精书了这篇序，字体飘逸、劲健，成为后世书法名帖，被誉为"天

坐石临流（圆明园四十景图）

下第一行书"。从此曲水流觞这一修禊的传统习俗被雅化为文人雅集的风流。雍正仿照古兰亭意境在圆明园中建了西向三开间的重檐亭,初称流杯亭。乾隆对"茂林修竹兰亭景,烟缕晴丝上巳天"的风雅也神往不已,觉得流杯亭的文化内涵意犹未尽,便将其改建成重檐八方的八柱亭,并命名为"坐石临流"。原来的石柱换成方形青白石柱,乾隆还把从内府藏帖中的历代书法名家《兰亭帖》墨迹6册,及大学士于敏中补柳帖之漫漶(缺笔)成一册,再加上自己临摹董其昌所仿《柳书兰亭帖》一册,合为《兰亭八柱之册》,并在每根柱上摹刻一册。亭中竖有一座巨型石碑,正面刻王羲之等人《曲水流觞》图景,碑阴刻乾隆御制诗文。

改建后的八柱兰亭,具有更强烈的文化象征意义。周围的山体虽然没有"崇山峻岭"之势,但也有土山呈蜿蜒环抱之态,加上曲折的仄涧溪流和青松翠竹的点缀,其环境和绍兴兰亭的地貌以及《兰亭序》所述情形还是有几分神似。此景于崎岖不平的山石上建亭,蜿蜒的溪流直接从亭内穿过,景观效果远胜其他宫苑中高度人工化的"流杯亭"小渠之景,也更符合《兰亭序》原文潇洒风流的意趣。

舍卫城

位于坐石临流东北,俗称佛城,是一处城池式寺庙建筑群,也是圆明园规模最大的一组宗教建筑,仿古印度桥萨罗国都城而建。城池平面为矩形,南北城门之上有城门楼。舍卫城城墙厚实,其东西北三面还有护城河围护。城内建筑沿中轴线布置,由厅堂游廊组成三进院落。从南面穿过牌楼和城门多宝阁之后,迎面是内城的山门，山门后为寿国寿民殿，再后是全城的中心——仁慈殿。仁慈殿北面是普福宫庭院，庭院正中筑平台，两侧布置山石树木，气氛与前面两个庭院迥然不同。

每当帝后生日受贺时，王公大臣们所赠送的佛塔及佛像数量众多，日积月累、年复一年竟达到几十万尊，包括纯金、镀银、玉雕、铜塑等各种材质的，多被供奉在这座充满神秘色彩的舍卫城中，为该城平添了无尽的佛光宝气。

同乐园

位于舍卫城东南，是一座皇家大戏园，每年正月及佳辰令节在此演出各种戏曲，是御园节日期间的游乐膳憩中心。皇帝常于此宴赏王公大臣、外藩王公和外国使臣。主建筑清音阁是坐南朝北的三层大戏楼，每面各显三间，南接"扮戏楼"五间。同乐园殿在戏台之北，是座看戏楼，由前后楼各五间与穿堂楼三间构成"工"字形大楼。看戏时皇帝坐在楼下殿内，皇太后和后妃则在楼上。

盛期圆明园，共建戏台数十座，最高最大者正是清音阁戏台。当时每于灯节前后照例要在同乐园举办大型灯戏活动，称之为"庆丰图"，一般都要连唱10天大戏。乾隆朝，经常特允入觐的外藩王公和外国使臣，于上元和燕九（正月十五和十九）两个夜晚同至山高水长观放烟火，并随至同乐园观看庆丰图。此外凡逢皇太后、皇帝万寿节时，要在同乐园唱九九大庆之戏，端午和后妃生辰等节令，也要在此演戏一两天、三五天不等。

买卖街

舍卫城南门外有一平面呈"丁"字形的铺面街，是御园皇家宫市。所谓的皇家宫市，是指皇家园林中的街市。历史上，南朝的"华林苑"，北宋的"艮岳"等都曾有开列茶馆、酒楼，模拟人间市井作为皇家娱乐的场所。此类建筑不仅为娱乐，也是一种造景手段，以特殊的建筑形象结合特殊的地貌，在园林中再现市井景观。舍卫城前买卖街南北长210米，东西为100米，主体为南北向，中间有河流过，河上架设双桥，长街由此被分为双桥南街和北街，向北延至舍卫城南则形成基本对称的东西二街，共同组成街市格局。

每当同乐园举办新正庆丰图或演唱庆寿大戏时，这里的买卖铺面就一同开张，热闹异常。买卖街的各行买卖和厨役等，由崇文门监督从外间各肆点选，开店者则由内府太监充任。开市期间，码头上帆船林立，店铺内商品琳琅满目，凡被特允来同乐园逛买卖街的王公大臣、外藩王公和外国使臣，都允许竞相购买。午后3时左右，执事各官皆行退避，后妃内眷纷纷来此游观、购物，成为难得的乐事。

四宜书屋

位于福海北岸山水间，是皇帝赏花踏雪、吟风颂月和舞文弄墨的场所。布局以楼阁为主，建筑与环境十分协调。景观重点是两层高的楼阁，辅助建筑向东西两侧延伸，西侧设书屋一栋，再西为水榭一座，东侧布置书屋数间，形成小院落。楼阁后设山岗，峭石林立，其间配置松柏、青松，以环境衬托书屋意境。

乾隆时，仿照浙江海宁陈氏隅园将四宜书屋改建为安澜园。安澜园为江南名园，乾隆二十七年（1762），乾隆南巡驻跸于此，

四宜书屋（圆明园四十景图）

因其地近海塘，取"愿其澜之安"之意，赐名安澜园。乾隆六次南巡，最后四次，都驻跸安澜园，而且对其反复题诗品评。安澜园精妙的结构、水木交融的环境吸引了乾隆，他命人绘图带回北京，并以其为蓝本改建四宜书屋，改建后的园林亦被命名为安澜园，乾隆御制有《安澜园十咏》和《安澜园记》以记其事。乾隆宣称御园中仿建安澜园，是为寄托"愿四海之内江河之澜皆安"的期盼。

季节是园林的化妆师，它能魔术般地变幻出各种色彩。四宜书屋掩藏于山水间，周围遍植各类花草树木。乾隆曾说它"春宜花、夏宜风、秋宜月、冬宜雪"，"宜读书，宜抚帖，宜焚香，宜烹茶"，又说它"风花雪月各殊宜，四时潇洒松竹我"。后期仿建成的安澜园，景观内涵也十分精致和美妙，乾隆《安澜园十咏·无边风月之阁》有"三千界外三千界，踪迹无边哪可寻"之句，是形容无边风月之阁的景观界阀已经打破，有边的空间已走向无边的空间。在诗序中乾隆还说："界域有边，风月则无边。轻拂朗照中，吾不知在御园在海宁矣。"自得之情，溢于言表。

西峰秀色

位于福海西北不远处,雍正喜欢在此居住。园林布局是以山与水环抱着建筑,南面和西面紧接一组叠山,北面和东面为蜿蜒的河流。中部是一片错落有致的院落。

中部偏西处为主建筑含韵斋。含韵斋西邻的一座敞厅,点明了西峰秀色的主题:

西峰秀色(圆明园四十景图)

从敞厅西望,隔水是"小匡庐",小匡庐由巨石叠成,起伏多姿,山上有高水瀑布,是庐山风景的缩写。两峰耸立间,涧水飞流而下,形成一道瀑布,飞珠溅玉,在阳光下映出道道彩虹,这是西峰秀色的近景,也是它的第一层意境。其第二层意境就是所谓"西窗正对西山启","池影澄清,遥峰入境",意指远处的西山群峰。而从敞厅西望时,还能看到大片水田,清帝可于此观稼取乐。敞厅外面是一临水平台,有护栏围护,平台扩大了敞厅的活动范围,每逢七夕,皇家在此设宴"乞巧","有彩棚珠盒之盛"。

花港观鱼横跨河面,为一座过河敞厅,模拟杭州西湖同名景意境,于此可在室外凭栏欣赏河里的游鱼。花港观鱼西侧河池中,为"长青洲"小岛,上有乾隆御题"长青洲"石刻,岛上剑石嶙峋,配植有数棵青松,好似一座大盆景。乾隆所谓"三冬百卉凋零尽,依然苍翠惟此翁"即指此。

北远山村

位于圆明园大北门内东侧,是一组摹仿水村田园风光的景点,建筑参差错落,周围禾畴弥望。沿溪流北岸自东向西依次安排着院落、茅屋、庙宇等,俨然是一个颇具规模的水乡村落。村东有小河南流,穿过围墙水关,与圆明园本部水系相通,打开水关栅门,游船即可往来。

北远山村(圆明园四十景图)

北远山村一带为园内植桑养蚕之地,农夫、蚕妇在此作业。乾隆时,北远山村北侧还建有若帆之阁、耕云堂等景观,嘉庆时,北远山村局部改建成课农轩大殿。若帆之阁北倚圆明园内墙,为一座二层的楼阁,朝北的一面设外廊、栏杆,可凭栏眺望。楼阁坐北面南而顾盼东西,依山傍水又居高临下。因临溪而筑,犹如漂浮在水上的船只,因此命名为若帆之阁。乾隆"高阁筑溪上,因之号若帆"诗句,即指此。耕云堂在若帆之阁稍东,筑于假山之巅,由此可见北墙外农夫耕耘忙碌的情景,是皇帝登高阅视园外农稼之处。乾隆诗云:"山堂近北墙,俯视见墙外。耕耘忙农夫,水田横一带。"又诗云:"山堂临园墙,墙外田近阅。弄田园中多,莫如此亲切。"

福海区

福海位于圆明三园中心，是三园最大的水面，近于方形，长宽约 600 米，总面积约 28 公顷。福海水面开阔，风光秀丽，环列周围的十个小岛，将漫长的岸线分为大小不等的十个段落，临近水面的开阔地段布列不同的风景，充分发挥它们的"点景"与"观景"作用。如"方壶胜境""别有洞天"等，与福海隔而不断，若即若离，互为因借，形成开朗与幽深的对比。众多的园林佳境，组成以福海为中心的庞大风景群。盛时，福海是圆明园的水上游乐中心，为泛舟游湖、观龙舟、观烟火的绝佳场所。每遇端午前后，皇帝和后妃们在此观赏龙舟竞渡；七月十五日中元节，清帝在此观赏河灯；冬日结冰后，皇帝喜欢乘坐冰床

烟波浩渺的福海

及冰船在福海游赏。

福海四周山峦叠翠，花木繁盛，建筑的配置采用平淡疏朗的手法，没有高大的体量和惹眼的色彩。法国传教士王致诚对福海赞不绝口，誉之为园内"最玮丽处"。他记述道："各大宫殿，山石相间，河流相隔，若远若近，皆环绕此海焉……海之四周，景象各不相同。或为平岸，砌以整石，接以长廊林荫路与大路；或为碎石斜坡，拾级斜登，匠心独运；或为正大高坡，列一阶即登殿宇，坡上复有高坡及其他殿宇，层列如半圆形看台焉。其外又有着花之树，团簇呈列，历历可睹。其较远处则更有自荒远山中移来之野树成林，且也栋梁之材，异方之树，花木果木，固无一而不备也……当夫游船环集，金碧辉煌。或来荡桨，或事垂纶；或兢水嬉，或排阵势。必须身亲其际，方能领略海上之大观。而尤以良夜放花之时，殿宇齐明，船身树木毕现，其景为最玮丽。"

平湖秋月

位于福海北岸，境仿杭州西湖同名景。为秋夜赏月佳处，主要由一组散布的临水建筑组成，核心建筑平湖秋月为南向三间三卷大殿。初建时，前为临水敞榭三间，后为正殿三间，嘉庆时予以改建。平湖秋月殿东有一倚山高台的四方重檐亭——两峰插云，亦取杭州西湖同名景，为园内重阳登高之处。山水乐，在两峰插云东南。君子轩，在山水乐之东偏北。

每逢清风徐徐的秋夜，此处湖平如镜、月光如昼、桂花飘香、轻盈、典雅的建筑与湖面、花木、皓月、倒影，融洽协调地组成娴静优美的图画。当平眺福海广阔的水景时,亦可领略"水底沉明月,水上明月浮""万顷湖平长似镜,四时月好最宜秋"的意境。无怪乎乾隆要说:"倚山面湖,竹树蒙密,左右支板桥以通步展。湖可数十顷,当秋深月皎,潋滟波光,接天无际。苏公堤(杭州西湖苏堤)畔,差足方兹胜概。"

平湖秋月（圆明园四十景图）

别有洞天

位于福海东南隅,环境幽雅,为雍正炼丹的处所之一。雍正以后,有改建,乾隆、嘉庆二帝常在此游憩。别有洞天得名于唐代章碣之《对月诗》"别有洞天三十六,水晶台殿冷层层"诗句。"洞天"的说法源自道教,道士们为了采药炼丹,走遍名山大川。到东晋,他们将一些秀丽山川封为三十六洞天,七十二福地,于是洞天福地便成了山水美景的代名词。别有洞天选址于偏僻的角落,旨在创造脱离尘寰的意境。四周青山围拢,林木清淑,别有一番天地。水体自然来去,青山进退自如,建筑错落其间。东南两面的围墙,都用土山林木加以遮掩。

正殿"别有洞天"为一座五间三卷大殿,北倚山而南临河。

别有洞天（圆明园四十景图）

别有洞天前面的河池南岸偏西处还有临水长屋七间，其基座为石舫式，是为"活画舫"。时赏斋是三间高台殿，斋前为回廊院，院内偏南所置"青云片"太湖巨石，像一块大石屏一样立于斋前，部分地遮挡了视线，起到了分隔景区的作用，被乾隆赞誉为"当门湖石秀屏横"。该石有乾隆御题"青云片"三字，石上刻勒七首乾隆御笔诗咏，与万寿山青芝岫石，皆为明代爱石成癖的米万钟的遗物。这两块山石由米万钟采自北京西南的房山，欲置于西北郊的勺园，仅运抵良乡，即被迫弃于郊野。乾隆年间，将大石青芝岫运到清漪园，小石运到圆明园，乾隆还称大石为雄石，称玲珑奇秀的小石为雌石。

夹镜鸣琴

位于福海南岸中部，主建筑是一座横跨水上的高台桥亭。乾隆御制《夹镜鸣琴》词序曰："取李青莲（李白）'两水夹明镜，双桥落彩虹'诗意，架虹桥一道，上构杰阁。俯瞰澄泓，画栏倒影，旁崖悬瀑，水冲激石罅，琤琮自鸣。"所谓杰阁即指高台桥亭，该亭突出于福海南岸，丰富了南岸的风景轮廓。所谓夹镜，是因为这里北面大湖,南衔内港。所谓鸣琴,是指东边山崖上有流泉跌落。

广育宫位于夹镜鸣琴东偏,建在小土山上,为一坐南朝北庙殿,内供碧霞元君,此庙山门面湖,门前设码头。拾级登山为殿堂,有正殿三间,正殿还有左右配殿。清帝在园时,每于初一、十五皆至广育宫拈香拜佛,并有首领太监充当僧人上殿念经。聚远楼在夹镜鸣琴桥亭隔河之南。广育宫东侧有"十"字式亭,为"南屏晚钟",取杭州西湖同名景名。夹镜鸣琴之西有倚山临湖四方亭,为"一碧万顷"。湖山在望为面湖三间敞厅,在一碧万顷又西。

夹镜鸣琴(圆明园四十景图)

蓬岛瑶台

建自雍正初年,时称蓬莱洲。传说中的蓬莱一直是帝王们追求人间仙境、长生不老的幻想境界。雍正命人在福海中央用嶙峋巨石堆砌成三岛,中间是主岛,两边各有一座小岛,写意传说中的东海三仙山,并在岛上建造了殿阁亭台。乾隆曰:"福海中作大小三岛,仿李思训画意,为仙山楼阁之状。"李思训是唐代著名的山水画家,被称为中国古代山水画的北宗,他开创了金碧青绿山水画风。蓬岛瑶台是李思训代表作《仙山楼阁图》

蓬岛瑶台（圆明园四十景图）

的再现。

蓬岛瑶台是福海的视觉中心，其设计考虑的是从福海四岸观看的视觉效果，这里的一池三山表现为由西北至东南走向的斜向布置，而福海的形状基本为正方形，布局照顾了各个方向的观众。三个小岛有主有次，建筑多在中岛上。景点的造型同福海的整体环境非常协调，没有追求高峻的效果，而是以恬淡的园林景致通过水面的距离感来表现其可望而不可及的缥缈境界。

传教士王致诚对蓬岛瑶台给予很高评价，他说："最可宝者，为海中之岛……上立之殿，虽以小称，然有屋百间以上。四面出向，其华美精妙处，正不知如何称述也。是处形势最佳，环列四周之宫殿，迤逦而下之山麓，入海出海之河流，河流两端之桥梁，桥梁上之亭舍牌坊，用以间隔两处宫殿所植之林木，皆可于此一览得之。"咸丰十年（1860）的英军翻译官更是描述蓬岛瑶台"如仙境般从湖中央冒出来，倒影反映在清澈的碧水上，看来就像浮在水面上一样"。由此可见蓬岛瑶台的优美意境及其在整个福海景区的点景与观景功能。

方壶胜境

位于福海东北海湾内,取材于道家"仙山琼阁"意境。亭台楼阁,高低错落,三面环水。每当云雾缭绕,便时隐时现,好似瀛洲仙境。主建筑是对称布置、前后两组的殿堂,上覆黄色琉璃瓦,倒影于水面上,犹如琼楼玉宇般壮观。前部的三座重檐大亭及白石崇基,呈倒"山"字形伸入湖中,宏伟辉煌,具有东海三神山的寓意。

本景建筑采用严格对称的布局,由一条明显的中轴线,串联着南北两个群组。北面的一组共有六栋两层楼阁,通过游廊联系,围合成一个封闭空间,整体坐落在高出地面 3 米左右的平台上。南面的一组,建在汉白玉台基上,正南向湖中突出了三座重檐方亭,其中东西两亭有游廊与主要楼宇方壶胜境相接,游廊上部是楼台,与后者的第二层相通。整个建筑群均为琉璃瓦覆顶,金碧辉煌。尤其是南面的一组,在阳光照耀下,借助于湖面倒影,倍加灿烂多彩。南部水面是面临福海东北的一个内湖,并与福海的大水面之间有一座可开启的吊桥作示意性的分隔,当桥开启,大的龙舟可由福海进入内

方壶胜境(圆明园四十景图)

湖,直达突出湖中的迎薰亭。当透过桥洞,远望福海中心的蓬岛瑶台时,更会产生漫游仙境之感。

方壶胜境西侧有造型与颐和园玉带桥相仿的"涌金桥"。桥之南为三间临水敞厅。从方壶胜境南湖上驾舟穿过涌金桥即可进入三潭印月所在水面。三潭印月位于方壶胜境西部山水间,于河池中竖立三座砖塔,写意三潭,略仿杭州西湖三潭印月意境。环境幽静、秀美,令人心旷神怡。

曲院风荷

位于后湖与福海之间,仿自杭州西湖同名景观。西湖的"麯院",原是宋朝的一处酿酒作坊,四周有池,荷花随风摇荡其中,故名"麯院风荷"(现作曲)。乾隆喜欢这个景致,于是仿制于此。本景四面环水,洲中凿大池。景观主要由北部庭院与前边的九孔石桥及大片荷池组成。水池窄长,中架九孔石桥,横贯东西两岸,成"日"字形布局。环池置堤,堤外复绕以曲水,东西两岸,岗阜南北绵延。建筑则集中在池北隔溪的小岛上,以"曲院风荷""洛伽胜境"等构成庭院,前后交错,曲廊相接,有"曲院"之意。直观上看,这里与杭州西湖的"曲院风荷"相去甚远。

曲院风荷(圆明园四十景图)

相似者，非形似，而是神似，即庭院之曲与荷花香远风清的意境。

夏日风吹荷叶之时，可静坐于曲院廊中，赏万轩摇碧之水景，领略"眼明小阁浮烟翠，身在荷香水影中"的情趣。乾隆曾赞扬其景色赛过了杭州西湖，御制《曲院风荷》诗云："香远风清谁解图，亭亭花底睡双凫。停桡堤畔饶真赏，那数余杭西子湖！"

长春园

长春园位于圆明园紧东邻，占地约70公顷。利用洲、岛、桥、堤将大片水面划分成若干不同形状，有聚有散的水域，开朗中透着幽邃。该园比较合理地组织了水路游线和陆地游线。环湖周边的陆地上，堆山叠石，安排十余组景点，组成陆地外环游线，同时由大小湖面组成水上内环游线。长春园水域尺度相宜，最大湖面两岸都在200米以内，符合人的合理视觉尺度，山容水态，各具特色，水面的开合处理也很得体。整体布局和谐有序，与圆明园相对拘谨和密疏不均的格局形成较明显的区隔。

含经堂

位于长春园中心地带的岛上，乾隆十二年（1747）基本建成，乾隆三十五年（1770）有大规模改建和增建，使之成为一处大型园中园，以备乾隆日后归政"娱老"。嘉庆十九年（1814），又添盖戏台、扮戏房，改建看戏殿。本景是长春园最大的建筑群，设有广场、牌楼、毡帐、宫门、影壁、垂花门、大型宫殿、小型斋室、看戏殿、扮戏房、戏台、敞厅、回廊、亭榭、假山及买卖街

含经堂图 （张宝成绘）

等各类景观。建筑布局为一座坐北朝南的长方形大院落，四周围砌宫墙，建筑群可划分为中、东、西三路。中轴线主要由含经堂、淳化轩、蕴真斋三组建筑构成，中轴东西两侧另有两串建筑庭院相衬托，东侧还有一条买卖街。中路建筑宏伟、庄重；东、西两路建筑规模体量略小，布局和结构富于变化，尤以西路更为明显。

含经堂为重檐琉璃大殿七间，前有宫门五间，宫门东西外侧另设垂花门，门内均有影壁。宫门外阶下为广场，围以宫墙，正南和东西两侧各建一座四柱琉璃牌楼。广场为清帝设武帐宴赏外使之地，搭盖有蒙古包5座，居中者为一大型帐殿，直径逾22米。梵香楼居含经堂西配殿外侧，是一座两层转角佛楼，上下各13间。霞翥楼与梵香楼东西对称，是一座藏书楼，乾隆朝编纂《四库全书》时，另编有12000卷的《四库全书荟要》两部，其中的一部即贮于此。

淳化轩专为收藏《钦定重刻淳化阁帖》而建。乾隆三十五年（1770）建成，由于事起重刻《淳化阁帖》，故以帖名轩。《淳化阁帖》

是北宋的一部著名法帖，主要包括王羲之、王献之、柳公权等99人的墨迹，被誉为诸帖之祖。乾隆经悉心搜集，得到《淳化阁帖》的初拓赐本，命内廷翰林精审更定后，选能工巧匠钩摹上石，用三年多的时间把《淳化阁帖》摹刻在淳化轩前的青白石中，共成帖版144块。淳化轩前东西回廊的前檐槛窗镶嵌乾隆《钦定重刻淳化阁帖》石刻，左右廊各12间，每间砌石帖版6块。石砌版刻成后原帖珍藏在淳化轩。淳化轩前的两株梅树，每到清明前后，"朵朵吐芳英，累累重垂枝"，形成北方罕见的庭梅景观。

蕴真斋，原在含经堂紧北，乾隆三十五年（1770）增建淳化轩时，移此斋于稍北。蕴真斋、淳化轩东侧有乐奏钧天戏台、神心妙达看戏殿及扮戏房等建筑，再外侧有买卖街、明漪潇照亭等建筑。蕴真斋、淳化轩西北两侧尚有三友轩、静莲斋、待月楼、理心楼、涵光室、澄波夕照、得胜概等建筑。三友轩位于叠石丛中，因栽植松、竹、梅，故名。

如园

位于长春园东南部，建成于乾隆三十二年（1767），嘉庆十六年（1811）曾大规模重修，嘉庆有御制《如园十景》诗，并有《重修如园记》。如园以南京瞻园为蓝本，瞻园原是明代中山王徐达王府的西花园，被誉为"金陵第一园"，乾隆南巡时题名为瞻园。如园规模比瞻园大，总体布局和理水堆山借鉴了瞻园，但气氛比瞻园更开朗，营造了更多的空间层次。

建筑主要安排在西部，东部则以水池为中心配置建筑和堆山叠石。南部处理成园林的后背，用建筑及土丘遮挡围墙，使人莫

如园图（张宝成绘）

测纵深。北面大部分则堆山造林用以阻挡北风，一部分安排建筑平台，使这个小园能与长春园的大空间有机联系。东半部的山、水、建筑互相配合，形成了丰富多彩的景观效果，水池南是含碧楼，池北是延清堂，二者都有平台临水。池东岸是陡立的峭壁，山石耸立交错，把整个东山装饰成一座高约7米左右的青石大山，成为长春园东南角的制高点。山顶有观丰榭，南北山麓对称布置有半圆亭和六角亭，登上观丰榭，可欣赏长春园内外风光。水池中部的假山，把水池划分为大小两部分。该假山中有山洞，山顶架设有清瑶榭，成为如园内部的视觉焦点。水池的紧西岸是惟绿轩，轩北有假山凉亭与清瑶榭相呼应。

　　如园建筑、水池和山的体量都较大，但相互间的关系却比较疏朗。延清堂是如园的主体建筑，除南部设临水平台外，北部也有平台入水，并有石级码头。延清堂北平台的开辟以及两侧所留下的步廊和豁口，打破了如园自成一体的孤立状态，使如园空间与长春园本部相沟通，也满足了向北观赏园景及使用游船的要求。从平台北望，湖山景色层次重叠。近处更有鉴园的廊榭和映清斋附近的山亭作为点缀。该临水平台以及东山顶上的观丰榭，一高一低，一在山上，一在水滨，均成为欣赏长春园的重要观景点。乾隆对如园的设计十分满意，以至于第六次南巡时，距瞻园咫尺而不入，并自豪地说："御园亦曾肖此为如园，而景趣较胜于此。"仿建工程的成功，已经超过了原型，无怪乎乾隆要自鸣得意了。乾隆以后，如园的建筑变化较大。但总体格局仍是按照"前如如园之境，后如如园之规"的指导思想沿袭了旧时风格。

海岳开襟

位于含经堂西侧湖心，居两层圆形石台之上。下层圆台四面各设码头，可乘船往来。正中殿宇为三重檐的亭式方楼，下层四面各显五间，中层、上层四面各显三间。上中下三层四周都有围廊环绕。方楼顶部为四脊攒尖顶，上铺黄色琉璃瓦，壮丽高敞，为登高望远佳处。方楼东西各有重檐三间配殿一座，前后各有正殿五间前接三间抱厦的歇山卷棚式殿宇一座。海岳开襟耸立在湖面两层圆台上，下层直径近 80 米，上层直径近 70 米。周边用白石砌齐，并护以汉白玉栏杆，形式与天坛祈年殿基座或圜丘相近。华丽的建筑群既像托之于玉盘之上，又像漂浮于云水之间。远望如海市蜃楼，近睹如登仙界。

海岳开襟东西两侧河外，建有多处点景建筑。流香渚位于海岳开襟水面西岸，为高台重檐四方亭，临水亦设码头，是从圆明园进入长春园后泛湖放舟之处。半月台，在海岳开襟东岸，是登

海岳开襟圆坛残部（中国营造学社摄于20世纪30年代）

台望月之处。

狮子林

位于长春园东北部，由东西两部分组成。西部于乾隆十二年（1747）基本建成，主体是一组轴线对称的临水建筑。正殿名"琴清斋"，后殿名"丛芳榭"，整组建筑的南部为三座插入水中的临水敞厅，以"漾月亭"为中心，整个格局呈倒"山"字形。东部园林则是在20余年后，由"吴工肖堆塑，燕工营位置"，仿苏州狮子林添建的。乾隆二十二年（1757）、二十七年（1762）和三十年（1765），乾隆三次南巡时均曾前往狮子林参观，并令苏州织造将狮子林全图及烫样送京呈览，以便仿建时参考。长春园狮子林建成不久，乾隆又在承德避暑山庄仿建了文园狮子林，从而形成了京都、塞北与江南三座狮子林鼎足而立的局面。

狮子林既有皇家园林的气魄，又不乏苏州园林的灵秀，其设计别具匠心。西部以一组临水建筑为主体，坐北朝南，面向深广

狮子林图（张宝成绘）

的水面，显得舒展明快。东部以山景为主，建筑体量较小，配合水池、山洞、磴道、峰石、藤架和爬山廊，安排了占峰亭、探真书屋、纳景堂、延景楼等建筑。这些临水建筑和山景，既是狮子林的特色，又自然融入了整个长春园景观中，一扫苏州狮子林囿于围墙之内，沉闷、封闭、局促而缺少天然佳致的印象。避暑山庄狮子林尽管石景也很突出，建筑形制规模也与长春园狮子林相近，但因偏处一隅，尤其正面没有留下任何前景，环境稍显局促，不如长春园狮子林坐北朝南，后倚青山，前临湖面，山水形胜俱佳的精心布置。

西洋楼

长春园最北部有一区欧式园林，俗称"西洋楼"。包括西式建筑、大型喷泉、若干小喷泉以及园林小品等，沿着北墙呈带

西洋楼全景复原图（张宝成绘）

状分布。由谐奇趣、黄花阵、养雀笼、方外观、五竹亭、海晏堂、远瀛观、大水法、观水法、线法山、方河、线法画等十余个景观组成，总面积约7公顷。始建于乾隆十二年（1747），乾隆二十四年（1759）基本建成，由供奉清廷的西洋传教士郎世宁、蒋友仁、王致诚、艾启蒙等设计和指导，中国匠师建造。

西洋楼的设计并没有单纯模仿和照搬欧式风格，而是汲取中式园林的元素，进行了中西结合的尝试。设计者根据西方建筑特点进行设计，再按照乾隆的爱好和意图进行修改，最后由中国匠人进行施工。西洋楼以建筑及喷泉作为主要内容，采用规则的几何形构图，建筑形式具有欧洲文艺复兴后期意大利的"巴洛克"风格，造园形式具有法国的"勒诺特"风格。尽管西洋楼面积只占圆明园的五十分之一，更多意义上属于局部的点缀，但它的出现满足了清帝的猎奇心理，丰富了圆明园景观和文化的内涵，为其增添了异域色彩，使"万园之园"的赞誉更加实至名归。西洋楼是中国大规模仿建欧式园林和建筑的一次成功尝试，在世界园林史及东西方文化交流史上，具有重要地位。

谐奇趣

位于西洋楼景区最西南隅，建成于乾隆十六年（1751）。由谐奇趣楼和楼前楼后的喷泉群及其西北侧的供水楼组成。主建筑平面呈半圆弧形，谐奇趣楼为三层，中、下层均为七间，前有半圆形高台，顶层为正楼三间。由谐奇趣楼正南两边弧形台阶可直接登上二楼平台。楼东西两前侧伸出弧形平台游廊各九间，尽端各有一座演奏音乐的两层八角楼厅。楼厅环抱之中为大型海棠式喷泉池，喷泉机关丰富、有趣。喷泉池外围形成一个小广场，广场南面的小湖与长春园本部水系相通。湖西为线法桥，桥下有五孔闸。福海之水，由此注入长春园。谐奇趣楼北面双跑阶梯可直上二层露台，主楼北面的花园广场中央也有一处小型菊花式喷泉池，池内有由四只铜鱼、四个小喷水塔组成一个三层喷泉机关。

谐奇趣是最早建成的欧式园林景观，曾是专门用来演奏少数

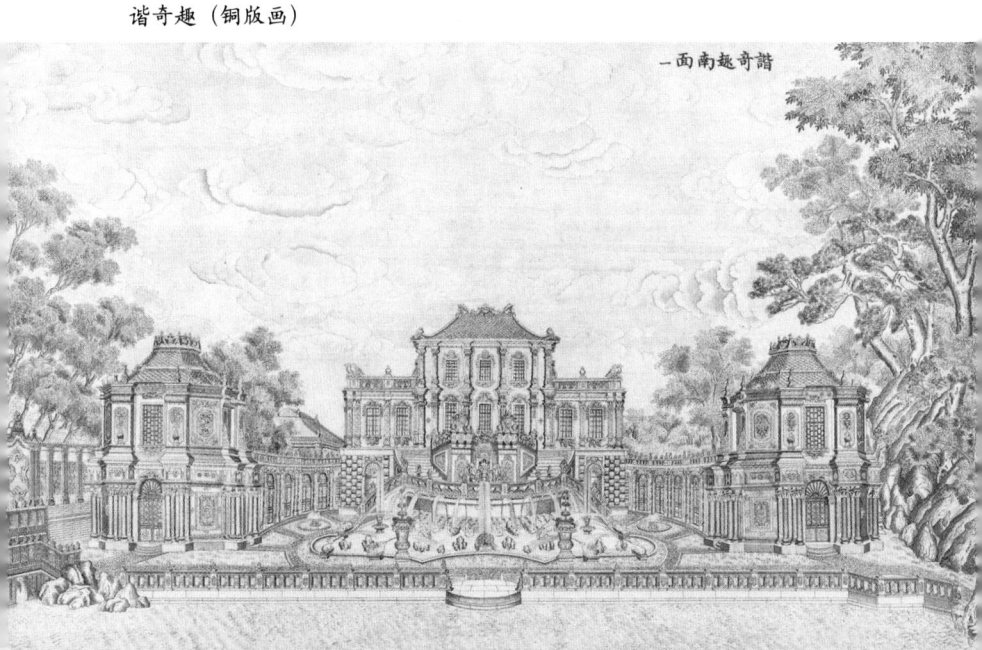

谐奇趣（铜版画）

民族及西洋音乐的地方。喷泉淋漓，乐声悠扬，由于意趣盎然，遂被命名为谐奇趣。

黄花阵

位于谐奇趣以北，仿欧洲迷宫花园而建，也称万花阵。平面布局为南北长方形，四面设门，用"卍"字不到头的雕花砖墙组成若干道迷阵。墙体总长1600余延长米。迷阵中心有一高台圆基八方西式亭。迷阵北面为一座土山，山顶上有凉亭。从谐奇趣的南面，直到土山上的凉亭为止，形成了一条南北轴线，轴线两边摒弃了绝对对称的处理方式，并以自然式土山作为景观收束，极具灵活性。

黄花阵是一个追逐嬉戏的场所。每逢中秋之夜，清帝就坐在圆亭当中，命嫔妃及宫女手拿黄色彩绸扎成的莲花灯守候在四个门外，一声令下，宫女和妃子们寻径飞跑，最先到达圆亭者，便可得到赏物。清帝居高临下四望莲花灯东游西奔，引为乐事。该

黄花阵（铜版画）

阵昔日也曾被称为黄花灯，可能正缘于此。

海晏堂

由正楼、"工"字蓄水楼及周边喷泉群组成，是西洋楼景区最大的一座建筑。正楼朝西，楼门前左右有弧形叠落石阶数十级，环抱楼下喷泉池。池略呈菱形，池中心有座圆形铜喷水塔。喷泉

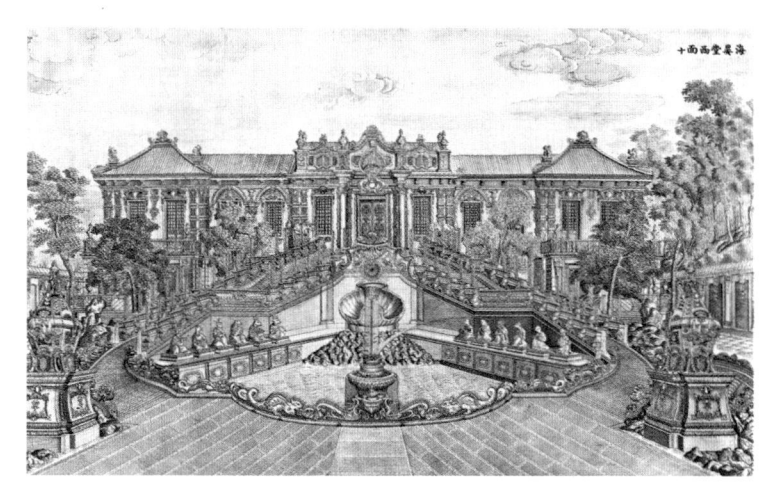

海晏堂（铜版画）

池的东沿正中高耸一尊巨型石雕贝壳形番花，内安涡轮喷水机；在石贝前下方八字形高台上，分列十二只人身兽头铜质雕像，南边从内向外依次为鼠、虎、龙、马、猴、狗，北边依次为牛、兔、蛇、羊、鸡、猪，这就是俗称"水力钟"的十二生肖喷泉，这里用十二生肖取代了西方的裸体雕像，体现了中西建筑与文化的交融。

海晏堂后的平台楼，建筑平面为"工"字形，是附近喷泉群的供水楼。工字楼两端房内装提水机械，各有三开间小屋突出于屋顶平台上。中段是蓄水楼，下边是一座大型海墁高台，为实心

灰土基础，台上是可蓄水160多立方米的大型蓄水池，其内壁包锡箔以防渗漏，俗称锡海。工字楼东部有四折盘旋石阶可直通至主体建筑的屋顶平台。水从北侧暗沟导入东西楼下地沟内，并输入至楼顶池内，而后再用铜管输水至各喷泉机关。

大水法

位于海晏堂东侧，居西洋楼中心部位，即长春园南北轴线与西洋楼景区东西轴线交会处。自北向南由高台大殿远瀛观与台前大水法喷泉群及观水法形成一条南北轴线，这条轴线也成为长春园本部主轴的延长线。

远瀛观为南向五开间西洋钟楼式大殿，平面呈倒"凹"字形，中间三间开三个门。正中大门为圆罩石券大门，门外有一对石狮。汉白玉门柱上带有精美的雕刻。两次间亦为石券门，东西侧廊前设石券花窗，殿的东西北三面亦各设石券花窗，殿后还有一座券门。三间明殿为两层檐庑殿顶，上铺蓝色琉璃瓦。中

远瀛观（铜版画）

券上方为圆形钟刻百锦窗，东西侧廊则为双层檐钟刻亭式楼顶，亭四面皆显白玉石券口窗。远瀛观的门窗皆镶安玻璃，十数根高大石柱皆为优质汉白玉，尤其中券两侧的巨柱通身满刻下垂式葡萄花纹，刻工精良，活泼如生。门前是青砖铺就的小广场，广场边缘为玉石栏杆，广场南缘有左右弧形石阶环抱台前大水法喷泉。远瀛观本身的体量并不大，但由于建在方形石台上，遂显气势不凡。乾隆五十八年（1793），英国国王给乾隆的寿礼，在正大光明殿呈览之后，其中最重要的天体运行仪，即被移来远瀛观展陈。

大水法是西洋楼景区最大的一组喷泉，主建筑为巨型石龛式，中券下有狮子头喷水，沿着七级水盘，形成瀑布。前下方为椭圆形菊花式喷泉池，池中心有一只铜梅花鹿，从鹿角喷出水柱八道，两侧散布十只铜狗，东西两端又各有一只卷尾铜兽，均做逐鹿之状，从口中喷水直射鹿身溅起层层水花，因此又俗称"猎狗逐鹿"

大水法（铜版画）

喷泉。大水法的左右前方各有水池分布，其上东西对称布置两个大型西式方形十三级喷水塔，该塔由汉白玉雕砌，从塔顶喷出水瀑，层层喷水，随塔身溅入池中。塔四周还有 44 根大小铜管皆一齐喷水，蔚为壮观。当大水法所有的喷泉全部开放的时候，可声传数里，皇帝想与身边的大臣讲话都须打手势。大水法菊花式喷水池前还对称配植了一对经过修剪的松树和花坛，松树枝叶被修剪成 9 段，是为"线法松"。这种修剪成型的乔木，是欧式园林的重要内容。

观水法为清帝观赏喷泉之处，位于大水法对面，于平台上设宝座，宝座极为特殊，一改坐北朝南的传统，而是坐南朝北，这是为让皇帝观看喷泉时避开阳光刺激眼睛的精心布置。宝座后面是由五件石雕并列而成的大型石屏风，分别雕刻西洋军旗、甲胄、刀剑、枪炮图案。围屏东西侧各列汉白玉方塔一座，再向外侧各有一座"巴洛克"式西洋门。宝座两侧，都有绿篱，绿篱后即是

观水法（铜版画）

长春园本部围墙。绿篱、围墙均有门,由此可拾级登临南面的泽兰堂。

线法画

亦称线法墙。西洋楼景区东部有一个矩形河池,俗称方河。所谓线法墙就是在方河东岸修筑七道左右对称的八字状断墙,前六道十二面断墙的南北长度分别为5.4米至8.5米不等,最末一段墙长25.6米。各断墙之间前后距离渐次增大。墙面悬挂西方景物油画,从方河西岸的线法山上东眺,形成透视深远的西方街市民居风光。其上也可随时更换或重新绘上各种图案和风景。隔岸望去,俨然是一个由布景搭成的舞台。由于方河拉开了线法山与线法画之间的距离,这样就可以使人们在最相宜的距离来欣赏线法画的景致,生发亦真亦幻的感觉,确为独到的艺术设计。乾隆时,线法画上就曾绘制新疆阿克苏一带的风光,以慰容妃(香妃)思乡之情。

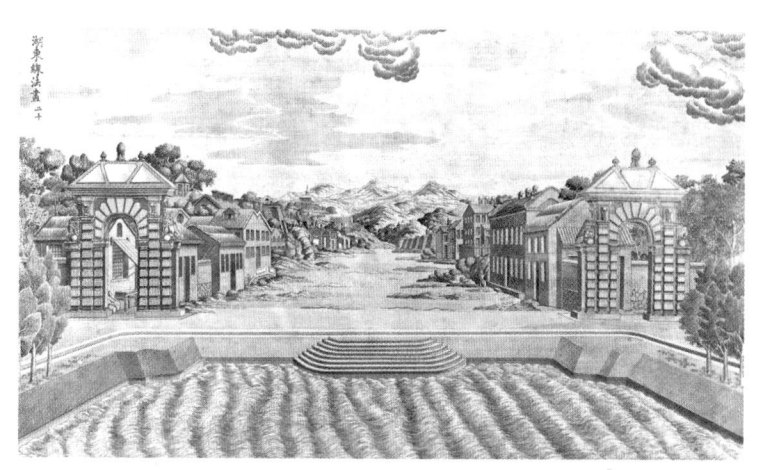

线法画(铜版画)

绮春园

绮春园位于圆明园和长春园以南，规模大致与长春园相当。虽由数个私家园林合并而成，但处理恰当，特别是水体相连，山势呼应，并没有凌乱拼凑的感觉。景致以婉约多姿、秀丽动人见长。小空间和小布局的方法，使得整体风格比较自由，注重居住环境和生活空间的设计，并不强调建筑的雄伟壮丽，除宫门等少数建筑外，很少采用轴线布置的方法，即便是出现了轴线的建筑群，也巧妙地利用山水的穿插打破中轴对称的格局，形成了一个个随意自如、精致小巧的园林景观。

迎晖殿

位于绮春园宫门内，该宫门是嘉庆十四年（1809）添建成的，悬挂乾隆御书"绮春园"匾。设内外两道五间的卷棚歇山顶门殿，分称大宫门和二宫门，仅供皇帝和太后出入。大宫门东西分设左门、右门，二宫门两侧亦设角门，大臣奉旨入园由左门出入，太监员役由右门出入。宫门外侧设东西朝房各五间。二宫门前有一道月河，中架一座石桥。大宫门骑本园南墙而建，东西朝房外侧至正南影壁，则圈建彩油木栅栏，名曰"挡众木"。挡众木外侧，建有护军警跸之用的旗房、侍卫房。影壁外侧为环园护墙河。

迎晖殿为本园正殿，位于二宫门内，五间四围廊，殿前设月台，外侧有东西配殿各五间。绮春园宫门初建成时，门内原有勤政殿，迎晖殿由勤政殿改名而来。皇太后万寿节接受群臣朝贺即在此殿。道光二十九年（1849），孝和皇太后病逝于紫禁城，咸丰五年（1855），康慈皇贵太妃病逝于紫禁城，梓宫（棺材）均移于迎晖殿暂安祭奠，而后再发丧至陵寝。

正觉寺

位于绮春园宫门之西，与绮春园既有后门相通，又单设南门，独成格局。正觉寺虽是圆明园众多寺庙中的一个，但在各个寺庙中，其僧侣大多是有太监充任的，惟有正觉寺从落成起，即由喇嘛经管，因而俗称喇嘛庙。非念经时间，正觉寺的喇嘛不准进入园内，只能在寺内礼佛、拈香、念经。

正觉寺山门三间，门外檐悬乾隆御书汉、满、藏、蒙四种文字合璧的石刻匾额"正觉寺"。山门坐北朝南，山门内左右列钟鼓楼，楼前设旗杆一对。寺内中轴线上的主要建筑自南向北依次为天王殿、三圣殿、文殊亭、最上楼。天王殿五间，位于山门后。

正觉寺山门

三圣殿为正殿七间，殿里供奉着西方三圣，中央供奉的是西方极乐世界的教主阿弥陀佛（无量寿佛），两侧是观世音菩萨和大势至菩萨。文殊亭为八方重檐亭。最上楼为后楼七间，供佛五尊，楼东西各有三间顺山殿。最上楼、三圣殿前各有东西配殿五间，周围之廊房则为喇嘛住所。

涵秋馆

位于绮春园东湖西侧，是该园春夏秋冬四季景观之一，平面为一南北长岛，种植了多种植物和乔木，尤其是大片的枫叶，当秋高气爽、枫叶透红之时格外引人注目。主体建筑涵秋馆居北部，为南向七间双"工"字形大殿，大殿中间为叠石喷泉，殿东墙外设高台蓄水池供喷泉用水。

仙人承露台位于涵秋馆东山外侧山坳处，面东矗立，前临绮春园东湖。于山石丛中建高台，上竖铜铸托盘仙人，寓意承接天降甘露。据传汉武帝刘彻妄想长生不老，听说将天降甘露与玉石碎屑拌而食之，便可止住阴气，永生阳气，长生不老，于是在建章宫建一仙人承露台。嘉庆在此予以仿建，作为点景之物，并寄托长寿愿望。

仙人承露墨玉石雕

文化大观

"中国古代上至帝王，下至有一定资财的平民百姓，都以园居为时尚。他们在园中听政、射猎、宴饮、听歌观舞、品茶习武、游戏取乐、著书立说，叠石开池、莳花养鸟、构亭立阁，久而久之，便形成了蕴涵无比丰富的园林文化。"园林是中国文化的一种象征，是中国文化的重要载体。作家曹聚仁在《吴侬软语说苏州》中说："东方文化，当于园林求之。"这是很有见地的。

盛时圆明园，会通古今，兼融中西，其集锦式的文化画卷，可谓洋洋大观。圆明园集历代皇家园林文化之大成，集中吸收了中国传统文化的精髓，突出展现了中华文明的辉煌。从表象上看，圆明园的山水、建筑、花木、陈设等组成要素都是一种物质的存在，是一种物质材料的经营，但在更深层次上，其所赖以支撑的却是一个庞大、完整的文化体系，即传统的哲学思想、宗教观念、礼仪制度、道德追求、历史典故、文学、绘画、书法、戏曲艺术等才是洋溢在园林物质躯壳内外的魂魄和精神。圆明园所内涵的园林文化、宗教民俗文化，及其包罗宏富的物质收藏，既是圆明园的灵魂，也是优秀中华传统文化的重要组成部分。

园林文化

造园理念

师法自然

中国古典园林最主要的艺术表现手法就是本于自然而又高于自然。中国造园艺术从一开始就视自然为师为友，师法自然，融于自然，顺应自然，表现自然——这是中国园林体现"天人合一"境界的理想手段，这就要求园林的总体布局及要素组合要合乎自然。山、水及其相互关系要符合自然界山水生成的客观规律，如假山峰峦是由许多小的石料拼叠合成，叠砌时要仿天然岩石的纹脉，尽量减少人工拼叠的痕迹；水池常做自然曲折、高下起伏状；花木布置应是疏密相间，形态天然，乔灌木也错杂相间，追求天然野趣。山、水、植物乃是构成自然风景的基本要素。但中国古典园林绝非一般地利用或者简单地模仿这些构景要素的原始状态，而是有意识地采用改造、调整、加工等艺术化的手段进行再创造，从而表现一个精练概括的自然、典型化的自然。圆明园是中国古典园林的登峰造极之作，在师法自然的过程中，追求"天人合一"境界，取得了极高的文化艺术效果。

营造意境

意境是中国古典园林所追求的最高艺术境界。园林的山水、植物、建筑和它们组成的空间，不仅是一种物质环境，而且还是一种精神环境，一种能给予人们思想感悟的环境。所以园林意境是一个具有意念的环境。圆明园通过不同手法创造了多种意境空间，最为主要的大体可分为三种，即"治世境界、自然境界和神仙境界"。"儒学讲求实际，有高度的社会意识，关心社会生活、人际关系，重视道德、伦理价值和治理国家的政治意义，他们是古代社会中治世的一派，多为当政者或准当政者。这种思想反映到园林造景上就是治世境界。老庄讲求自然恬淡和凝练人的内在生命。他们大多是古代社会中的在野一派，以静观、直觉、浪漫为审美观，艺术上表现为自然境界。佛、道两教追求幻想的天国仙境，园林造景上反映为神仙境界。"①

突出皇权

皇家园林是为皇室服务，并按皇权文化特定的文化指向，规划其规模，建造其景象，实现其功能。圆明园是帝王生活环境的重要组成部分，在园林结构上保持着皇家尊严的本色，分区较为明确，由处理政务的宫殿区、生活区和游览区组成。宫殿区和生活区平面布局严整，构图近乎宫殿式。园林中有轴线对称，保持皇家规制，主体景观正大光明及九州清晏突出鲜明，并被作为构图中心统帅全园。整体规划布局反映着"普天之下，莫非王土；率土之滨，莫非王臣"的王天下思想和"移天缩地在君怀"的"君临天下"思想。圆明园在思想意识上渲染皇帝至高无上的地位，不仅象征皇权，而且功能齐全，集政务、外交、居住、娱乐、游赏、宗教等多种功能于一体。

注重实用

从宏观角度来看，园林是人类为了生存和生存得更好而开辟或营建的与自然联系、生活必需并寄托心灵境界的空间。清帝极为注重园居环境的舒适、方便与实用。如出入贤良门东罩门为各衙门凌晨呈递奏折之处，俗称奏事门，这里离正大光明殿、勤政亲贤殿及各部院衙门值房距离都不远，便于清帝就近及时处理有关政务。正大光明殿南侧为各部院衙门办公场所，东侧为日常处理政务的勤政亲贤，北侧隔前湖与寝宫区九州清晏相望，西侧为

---

① 中国圆明园学会主编：《圆明园5》，中国建筑工业出版社2007年版，第115页。

太后经常居住的长春仙馆，这种"十"字形的布局方式，十分便利清帝的园居生活。皇子读书的上书房、宫廷艺术家工作的如意馆都位于洞天深处景区，离清帝居住的九州清晏和办公的勤政亲贤都不远，便于皇帝就近观摩和指导。另外，园内各处都有清帝的临时寝宫，西洋楼景区也有重要建筑如远瀛观、海晏堂、方外观和谐奇趣等，但由于西式建筑不适于皇家居住起居，所以一般只作为观赏性的景观，而不在此设置寝宫。长春园澹怀堂大殿设有较为完善的地下排水系统，这里有东、西两条南北向主排水道和呈东西方向的几条作对称布局的分支排水道，便于及时排水，避免积水现象，这也是实用化的精心设置。

造景取材

模拟各地风景名胜

福海模拟杭州西湖，其布局立意与西湖有异曲同工之妙，并在沿岸特意借鉴和模拟了西湖的园林景观。福海开拓于雍正朝，雍正在位期间虽没有南巡过，但他在皇子时期曾护驾南巡，亲身领略过西湖的绝美。所以在建园时，就以西湖为蓝本，进行写意模拟。仅在福海周边就精心布置了平湖秋月、两峰插云、雷峰夕照、曲院风荷、南屏晚钟等五处与西湖十景同名的景观。西峰秀色"小匡庐"，山体主要由巨石叠成，起伏多姿，并设有高水瀑布，是庐山风景的缩写。紫碧山房为全园最高的堆山，模拟于祖国西北的昆仑山。上下天光"垂虹驾湖，蜿蜒百尺……凌空俯瞰，一碧万顷,不啻胸吞云梦",是取法于云梦之泽。

仿建各地特色园林

仿建各地的园林景观并加以改造,这是丰富圆明园园林文化,增添园林美景的有效手段,圆明园是融糅南北园林艺术的杰作。清帝多方吸取江南园林的布局、结构、风韵、情趣之长,引入圆明园中,极大地丰富了这座皇家御苑的艺术风貌。无锡的寄畅园、宁波的天一阁、嘉兴的烟雨楼、绍兴的兰亭、盘山的云林石室、扬州的趣园、江苏清江浦的河神庙、保定的古莲池等,都在园内得到艺术再现。安澜园、小有天园、狮子林、如园分别模仿海宁陈氏隅园、杭州汪氏园、苏州狮子林、南京瞻园而建,所谓"行所流连赏四园,画师仿写开双境"即指此而言。乾隆对其园林仿建成果非常满意,曾骄傲地说:"何必更羡吴江?"不再想念江南了,因为他不可思议地把许多漂亮的江南风光转移到他的皇家园林里了,有的甚至更胜一筹,正如王闿运所言"谁道江南风景佳,移天缩地在君怀"。

借用前人诗画意境

圆明园融诗书画于一体,以诗境、画意来规划和设计景观,使园林空间成为诗书画艺术的载体。其造景取材与诗词书画有着极为密切的关系,给人以诗情画意的美感。圆明园巧妙再现和融会前人诗情画意的艺术特色,仅从一些景点的名称中,就可见一斑。如"上下天光""杏花春馆""武陵春色""澹泊宁静"等,其名称出处和意境,大多耳熟能详。北远山村和唐代诗人、画家王维的田园诗以及《辋川图》有密切关系,乾隆在诗中也曾清楚地写明该景的构思来源。

建设佛教功能景观

佛教文化是圆明园文化不可分割的组成部分,佛教建筑在圆明园所在多有。清代统治者推崇佛教,一方面是出于对边疆少数民族的笼络,稳定边陲局势,维护国家统一的需要;另一方面也有真诚的宗教信仰因素在内,这种皇家所提倡的双重意义上的佛教意识在圆明园中表现得十分明显。藏传佛教在清代尤其得到统治者的重视和支持。清帝为实现其"合内外之心,成巩固之业"的政治理想,顺应蒙、藏等少数民族信奉藏传佛教的习俗,采用"因其教不易其俗"和"以俗为治"的措施,兴建了风格各异的寺庙,旨在通过"深仁厚泽"达到"柔远能迩",而佛教本身的宗教内涵,也使之成为皇家必需的信仰崇拜。

象征道教仙山楼阁

秦始皇建兰池宫并筑蓬莱山,汉武帝在建章宫太液池筑蓬莱、方丈、瀛洲三岛,开"一池三山"模式之先河。"一池三山"在圆明园也得到继承和展现。借用"一池三山"的模式,使园境超越"尘世",走进"仙境",是圆明园的匠心之举。福海在雍正朝命名之前俗称东湖,经进一步开拓才有后来的规模。明明是湖却被命名为"海",这与家喻户晓的传说有很大关系。相传,东海中有三座神山,山上有仙人居住,还有长生不老之药。秦始皇曾派徐福率数千童男童女,前往寻访,福海的命名及蓬岛瑶台的景观设置正是取"徐福海中求""三神山"的寓意,以求皇帝长生不老,大清帝国江山永固。"一池三山"的造园意匠也强化了福海的仙境色彩。此外，方壶胜境倒"山"字形的建筑布局，同样也是"一池三山"的变体，意在营造别样的仙山楼阁境界。

营造植物主题景观

运用植物造景，突出植物的形象及寓意，是圆明园的一个重要特色。如牡丹台、竹子院、梧桐院、玉兰堂、杏花村、桃花坞等。尤其以荷为造景主要内容的景点最多，如天然图画竹深荷净、廓然大公菱荷深处、莲花馆观莲所、含经堂静莲斋等。多稼如云菱荷香殿前边为大片荷池，并有一座莲花四方亭，是盛夏赏荷的最佳处所。乾隆多次侍奉皇太后在此进膳、观荷。濂溪乐处有荷香亭及荷香书屋，乾隆御制《濂溪乐处》诗序曰："苑中菡萏甚多，此处特盛。小殿数楹，流水周环于其下。每月凉暑夕，风爽秋初，净绿粉红，动香不已。想西湖十里，野水苍茫，无此端严清丽也。"

设置田园风光景观

皇家园林的风格一般是巍峨壮观、金碧辉煌，缺少质朴自然的田园生态境界。因此，优秀的规划设计者常运用田园风光在皇家园林营造一些别致景观。从审美的视角看，这种平凡朴远的田园风，亦即乾隆所谓的"田家风味"，对于皇家园林来说，是一种有效的自我调节。在富丽堂皇的宫苑中，适当杂以田园风光，具有以"质朴济富丽"的审美功能。圆明园有不少以田园农家风景为观赏主题的景观，如杏花春馆有杏花村、菜圃等村落景象，其他小景陪衬也均围绕这一主题，远近景色均现出一派田间风光。北远山村是坐落在一片稻田中的村舍，建筑题名均与农事有关，田园意味很浓。

匾额楹联

圆明园将传统思想文化的内涵与意境，体现到建筑、山石、水体和植物的精致组合中，然后通过匾额楹联和御制诗文，加以解读，从而突出主题，渲染意境，并使之不断得到强化。楹联匾额及石刻，丰富了圆明园的文化韵味，显示了皇家气派和帝王风范。其内容可概括为表述景观主题、彰显道德崇尚、抒发意蕴文采、援引典故源流、倡导风雅教化、暗合使用功能等。它们使景观内涵更趋饱和丰满，也使景观中的建筑形象更趋亲切。

圆明园的景名创意，包含有传统思想的丰富内涵。仅从圆明园单体建筑之一，即楼的命名就可见一斑。园内的数十座楼宇，不仅名称各异，而且各具韵味，如引见楼、聚远楼、曙光楼、富春楼、鉴光楼、山色湖光共一楼、宝云楼、远风楼、爱山楼、纳翠楼、翠扶楼、景晖楼、澄素楼、霁华楼、延藻楼、片云楼、山影楼、引凉小楼、松云楼、旷然楼、粹藻楼、澄景楼、清旷楼、华照楼、晴望楼、明漪楼、芳晖楼、披襟楼、理心楼、法源楼、霞蔚楼、眺吟楼、问月楼、含光楼、涵月楼、含碧楼、含辉楼、烟雨楼、烟月清真楼、畅襟楼、澄练楼、藏密楼、染霞楼、碧云楼、眺爽楼、待月楼、抱清楼、对云楼、对畴楼、倬云楼、互妙楼、涉趣楼、稻凉楼、天真可佳楼、影山楼、临湖楼、湛景楼、延景楼、梵香楼、琼华楼、四佳楼、竹篱楼、栖云楼、凝香楼、凝眺楼、安止楼、锦绮楼、翡翠楼、紫霞楼、寻云楼、时登楼、最上楼等。即便是西洋景点的命名，也脱不开传统文化的渗透，如谐奇趣、海晏堂和远瀛观，其寓意仍是传统的天下和谐与太平之意。

在圆明园诸多景名中，以园林植物为主题而命名的也为数不少。这些景名或取园林树木之绿、翠、荫、碧，或取花草稼禾之香、艳、芳、芬，或直接冠以松、柳、桐、桃、杏、桂、荷、玉兰和牡丹，循其名便可推知其园林植物配置的大概。[①]

中国园林中的景观题名，颇多四时皆备的，体现出"与天地合其德""与四时合其序"的美。圆明园对于四时季相也力求全备。见之于景点题名的有春雨轩、敷春堂、春泽斋、清夏堂、涵秋馆、生冬室等，还有四宜书屋，它力求适应四时最佳季相及其转换，力求将流动的四时，交感于一个审美空间。

圆明园还有些景点是清帝醉心于佛、道，按照佛、道思想而命名的，如淳化轩的理心楼，宝相寺的现大圆镜，法慧寺的福佑大千，茜园的太虚室等。而根据使用功能直接命名的也有一些景点，如勤政殿因清帝处理政务而命名，淳化轩因储存《淳化阁帖》而命名，养雀笼因用于饲养孔雀等珍稀禽鸟而命名。此外，圆明园景点命名别具特色且文化内涵丰富的方式尚有以下几种。

借用他名

如借用西湖十景中的平湖秋月、雷峰夕照、南屏晚钟、三潭印月、两峰插云、曲院风荷、柳浪闻莺、苏堤春晓、断桥残雪、花港观鱼。借用狮子林、小有天园、安澜园、惠济祠、河神庙等

---

① 《圆明沧桑》编委会编：《圆明沧桑》，文化艺术出版社1991年9月版，第112页。

同名景，以及神话传说中的地名如凤麟洲等。宋代大儒周敦颐筑园濂溪，被黄庭坚称为"人品甚高，胸中洒落，如光风霁月。好读书，雅意林壑"(《濂溪诗》)，显而易见，圆明园濂溪乐处借用于此。舍卫城本是佛教圣地，原为古印度桥萨罗国之都城，传说释迦牟尼曾在那里弘扬佛法达25年，因此舍卫城之名也就有了超越地名的意义，成为佛教文化的象征，圆明园佛城即以舍卫城命名。"清闷阁"阁名借用自倪瓒（云林）藏书楼之名。"清夏堂"堂名借用自南宋张镃私园同名景。"澄心堂纸"为书画纸精品，南唐后主李煜视这种纸为珍宝，赞其为"纸中之王"，并特辟自己平时宴居、读书、阅览奏章的"澄心堂"来贮藏它，绮春园"澄心堂"命名即由此而来。

狮子林石刻

借鉴诗画

圆明园有不少景观模拟了传统诗画的意趣，其中武陵春色、夹镜鸣琴、蓬岛瑶台等可算是这类景致的代表，其命名也是渊源有自。上下天光景名取自范仲淹《岳阳楼记》"上下天光，一碧万顷"句。杏花春馆景名取自晚唐诗人杜牧的绝句《清明》。"鱼跃鸢飞"景名来源于《诗经·大雅·旱麓》中的"鸢飞戾天，鱼跃于渊"。"清晖阁"之"清晖"二字出自南朝谢灵运的诗句"山水合清晖"，意指清新的阳光。"聚远楼"取自苏轼"赖有高楼能聚远，一时收拾与闲人"之句。"深柳读书堂"因唐代诗人刘慎"闲门向山路，深柳读书堂"而得名。"海晏堂"景名来自唐郑锡《日中有王字赋》中"河清海晏，时和岁丰"之句。绮春园"天心水面"景名来自宋代理学宗师邵雍描写自己园林的著名诗句，即《清夜吟》中所说："月到天心处，风来水面时。一般清意味，料得少人知。"蓬岛瑶台是唐代李思训代表作《仙山楼阁图》的再现。北远山村不仅模拟唐代王维辋川别业及《辋川图》，而且该景点"水村图"的景名还取自《石渠宝笈》藏赵孟頫之《水村图》。

隐喻伦理

圆明园有不少景点题名运用象征和寓意的方式来宣扬有利于封建统治的意识形态，宣传儒家的哲言、伦理和道德观念。如正大光明、勤政亲贤、坦坦荡荡、茹古涵今、汇芳书院、廓然大公、涵虚朗鉴、澡身浴德、澹泊宁静、奉三无私等。廓然大公出自程颢《定性书》之"君子之学，莫若廓然而大公，物来而顺应"。奉三无私出自《礼记》之"天无私覆，地无私载，日月无私照，奉斯三者以劳天下，此之谓三无私"。坦坦荡荡景名取《易经》"履道坦坦"与《尚书》"王道荡荡"之意。茹古涵今出自唐代皇甫湜《皇甫持正文集》"茹古涵今，无有端涯"。山高水长出自范仲淹《严先生祠堂记》"云山苍苍，江水泱泱，先生之风，山高水长"。澹泊宁静出自扬雄《长杨赋》"人君……以澹泊为德"，及诸葛亮《诫子书》"非淡泊无以明志，非宁静无以致远"。抱朴草堂出自《老子》中"见素抱朴，少私寡欲"句。圆明园同乐园、长春园众乐亭出自孟子"独乐乐，不如与众乐乐；与少乐乐，不如与众乐乐"。乐善堂出自《孟子注疏》中"乐取于人以为善"句。涵虚朗鉴出自唐代无名氏《水镜赋》"利济者水，涵虚者镜，怀朗鉴，遇物无心，处下流，通而不竞"，及《庄子》"人莫鉴于流水，而鉴于止水。止水静朗，故利于鉴"。这些题名多引经据典，鲜明地凸显了道德标榜和修身养性之意。

引用典故

圆明园有一些景点的命名是援引自广为人知的典故和寓言故事。如"鱼乐"的典故源出于古代哲学家庄子的思想。坦坦荡荡知鱼亭之"知鱼"题名点出庄子与惠子在观鱼时充满哲理的对答。庄子《秋水篇》记载，庄子与惠子一同在濠水的桥上游玩，庄子说："水中的鱼儿游来游去，是多么快乐呀。"惠子说："你不是鱼，怎么知道它很快乐呢？"庄子说："你不是我，又怎么会知道我不知道鱼儿很快乐呢？"庄子的无为浪漫、逍遥优游的思想，对后世影响很大，在园中设观鱼景点，也就是攀附庄子那种厌倦人世，与自然息息相通的隐逸思想。知鱼亭直接点明了观鱼和鱼乐主题，同时，圆明园也借由这一文学故事所命名的景点，丰富了园林内在的意蕴。至此，园林美的欣赏几乎达到了情景交融的境界。此外，武陵春色对陶渊明"桃花源"典故的运用，也同样在造景、点题及意境上让人神往不已。

楹联石刻

盛时圆明园，匾额楹联随处可见，与匾额的言简意赅相比，楹联在揭示园林的景观意蕴、文化渊源与道德追求方面更加深刻和充分。如，正大光明殿内悬挂雍正御书联曰：心天之心而宵衣旰食；乐民之乐以和性怡情。乾隆御书联曰：遹求宁观成，无远弗届；以对时育物，有那其居。勤政殿悬挂乾隆御书联曰：懋勤特喜书无逸；揽胜还思赋有卷。圆明园殿前檐悬挂康熙御书"圆明园"匾，与之相对应的是雍正藩邸时所书楹联，曰：每对青山绿水会心处，一邱一壑总自天恩浩荡；常从霁月光风怡目时，一草一木莫非帝德高深。该殿又有乾隆御书联曰：恤小民之依，所其无逸；稽古人之德，彰厥有常。奉三无私殿外檐悬"奉三无私"匾，内额为"清虚静泰"，并有乾隆御书联曰：涧泉无操琴，泠然善也；风竹有声画，顾而乐之。宝座楹联也是乾隆御书，曰：所无逸而居，动静适徵仁智；体有常以治，照临并叶清宁。殿内还悬乾隆御书康熙圣训"天下之治乱休咎，皆系人主之一身一心……"及雍正圣训"敬天法祖，勤政亲贤，爱民择吏，除暴安良……"九州清晏殿后额曰"蔚然深秀"，有乾隆御书楹联曰：红篆炉烟看气直，绿苞庭竹爱心虚。九州清晏殿后檐明间贴有雍正御书联曰：天恩春浩荡；文治日光华。天然图画五福堂有雍正御书联曰：欣百物向荣，每识乾坤生意；值万几余暇，长同海宇熙春。

虹桥（乾隆御笔石刻）

圆明园的石刻众多，在遗址上保存至今及散落在外的仍有数十种，涉及狮子林、茜园、花神庙、含经堂、文源阁、水木明瑟、法慧寺、藻园、坐石临流、山高水长、蓬岛瑶台、别有洞天等景。这些石刻可以反映清代的书法石刻艺术、圆明园的微观形象及当时的政治经济文化等多方面情况,从中也可看出清帝在园内的一些活动情形。如现存北京大学的原圆明园花神庙的两块莳花记事碑,这两块碑皆由圆明园总管太监所立,原竖立于花圃与花神庙之侧,均为汉白玉质地,碑身雕刻有龙纹图案。这两块碑记载了圆明园内"嫣红姹紫,如锦如霞,露蕊晨开,香苞午绽,吐艳扬芬,四时不绝,阴阳和谐,二十四番风信咸宜,寒燠均调,三百六十日花期竞放"的优美景致,透露出当时园内的花树种植情况,两块碑的侧面还刻有圆明园花儿匠头目、园户及首领太监的姓名,由此可见分管园内花木种植与维护的人员在乾隆朝就为数不少。

宗教文化

宗教景观

自宋代起,陆续有人提倡儒释道三教合一,认为可以"以佛修心,以道养身,以儒治世"。雍正赞同三教合一,圆明园造景题材、园林布局与儒释道都有密切关联。园林中出现宗教建筑,一方面是由于园林主人对宗教的崇信,同时也因为寺庙建筑具有较强的景观效果,有时寺庙可以成为园林的主要景观和风景构图中心,有时又成为一处清寂的景区,体现出一种超凡出世的意境。非寺观园林中设置富于宗教意味的建构,并不一定表示园主笃信和潜心于宗教,其主要作用可能更在于对精神生活的调剂。此外,清帝一方面重视宗教的教化功能,另一方面也注重发挥宗教信仰在维护民族团结和国家统一上的重要作用。乾隆深知推行宗教利于团结不同民族的信众,即所谓"兴黄教即所以安众蒙古"。由此,御园中的各类神佛殿宇不但给予皇家以精神慰藉,而且对于各类来朝拜的官员、外藩也具有重要意义,因此不分教派,不分神佛,都用来装点这座皇家园林。清统治者崇佛信道,圆明三园内宗教建筑种类繁多,形式各异,其突出的特点在于赋予了皇家属性和园林属性。由于这里的信众非同一般,使用对象是太后、皇帝和后妃等,人数不多,这些建筑的殿堂不只供他们朝拜做佛事,也供收藏神像和佛像,如方壶胜境就有佛像 2000 多尊。舍卫城也是收藏历年各地进贡佛像的场所,数量更以万计。同时这些建筑皆采用园林化布局,总体不拘泥于轴线、对称等较为严整的手法。相对比较自由随意,功能自由安排、形式自由组合、位置自由选择。但雍正和乾隆两朝的宗教建筑相对又具有不同的特点。除舍卫城外,雍正时期宗教建筑的总体布局比较园林化,没有严格的轴线和工整的院落空间,在命名上也着重表现其景观意境,如日天琳宇、慈云普护和蓬岛瑶台等。乾隆时期的宗教建筑则更接近完整的寺庙宫观格局,如宝相寺、法慧寺、正觉寺等,其命名也直接以寺相称。单纯从建筑形式来看，乾隆添建的安佑宫、方壶胜境就比其他建筑都要壮观和华美。

园内提倡儒家思想观念如"忠孝治国""尊师重教"等，且具有宗教性质的建筑以鸿慈永祜和洞天深处最具代表性。鸿慈永祜（安佑宫）为御园皇家祖祠，是用来祭奉历代清帝神御之所，性质相当于太庙。安佑宫大殿以黄色琉璃瓦覆顶，是园内规格最高的一组建筑。周围有乔松掩盖，中轴线南端有两对华表，给人以庄严肃穆之感。安佑宫大殿内，最初仅供奉康熙、雍正"圣容"，后又相继供奉乾隆、嘉庆、道光三帝的画像。洞天深处为上书房所在地，也作为皇子的居所使用，这里有俗称为"三天"的皇子书房，即前垂天贶、中天景物、后天不老，这组建筑的东部另有专门供奉孔夫子的圣人堂，堂内至圣先师神龛上悬"斯文在兹"匾额，其联曰：道统集成归至德；圣功养正仰微言。匾额楹联皆为乾隆御书。

圆明园内寺庙林立，简直成为一座佛教博物馆。佛教景观主要有慈云普护、月地云居、日天琳宇、舍卫城、宝相寺、法慧寺、延寿寺、庄严法界及正觉寺等。至于皇帝和后妃各座寝宫内所设的佛殿、佛堂，则为数更多。法慧寺是一座塔庙，庙内有一座下方上圆三层七级五色的琉璃塔，名为多宝琉璃塔，该塔通高22.55米。所谓塔庙，也称浮图寺，它以塔为中心，周围建以殿堂、僧舍。塔中供奉着舍利、佛像等，是寺院的中心建筑。月地云居，建筑别致，内涵特殊，在众多景点中别具异彩，以其个性使圆明园景观更为丰富。乾隆在《月地云居》诗中说："何分西土东天，

法慧寺琉璃塔

倩他装点名园。"这些佛教建筑内供奉的佛也很多,有观音大士、欢喜佛、文殊菩萨、水月观音、三世佛、弥勒佛、旃檀佛、无量寿佛、释迦佛、开花献佛、三宝佛等。

神仙信仰是道教的基本信仰。道教认为神仙大多居住在天上,但也有的居住在人间。十洲三岛、十大洞天、三十六小洞天和七十二福地,都是神仙栖息的胜境。其中,十洲三岛在四海之中,而"洞天福地"则在陆地之内,多是道教名山或胜境。洞天福地由神仙统辖,是修道之人修身得道之所。圆明园中以道教为主题的建筑景观有蓬岛瑶台、方壶胜境、别有洞天、汇万总春之庙、广育宫、惠济祠、河神庙、凤麟洲等。此外,园内还有单个道教建筑数十处,如关帝庙、龙王庙、天神坛、土地祠、雷神殿、吕祖祠、刘猛将军庙等。园内恭奉的神仙也是五花八门,如玉皇大帝、碧霞元君、城隍爷、雨师、风神、云师、太岁、龙王、土地神、花神、蚕神、吕祖、河神、妈祖,以及因扑灭蝗虫有功而被封为"刘猛将军"的元末猛将刘秉忠等。道教建筑点缀在青山绿水中,进一步丰富了圆明园的景观内容。最典型的如象征道家仙山琼阁的"蓬岛瑶台"和"方壶胜境"，代表了清帝对神仙世界的追慕和向往。别有洞天山环水抱，环境清幽，有"洞天"的味道，被雍正用来开炉炼丹。凤麟洲是道教传说十洲之一，《十洲记》记载说："凤麟洲在西海之中央，地方一千五百里。洲四面有弱水绕之，鸿毛不浮，不可越也。洲上多凤麟，数万各为群。又有山川池泽，及神药百种，亦多仙家。"圆明园凤麟洲不仅取其仙居之意，更是以其直接命名。"鱼跃鸢飞""澹泊宁静""知鱼亭"等景致，也体现了道家无为澹泊、逍遥自在的人生态度。

宗教活动

清帝园居期间，宗教活动不仅丰富多彩，而且也很有规律，其拈香拜佛等相关活动多在一些重大节令以及每月的朔望等日。园内专设喇嘛、道士在主要寺观开设道场，梵修念经，还有不少庙宇以太监充当僧人上殿念经。每月的初一和十五，皇帝一般亲自到慈云普护、月地云居、日天琳宇、舍卫城、广育宫等寺庙拜佛。每月的初三和二十七日，皇帝也多次到瑞应宫斗坛磕头拜斗（跪拜北斗星）。重要节令的宗教活动主要有每年二月十五的百花生日花朝日，皇帝到花神庙拈香；四月初八浴佛日（释迦牟尼诞辰），舍卫城、松风阁要过皇会，并在月地云居设道场多日，皇帝亲自或者遣官前往拈香；四月十八日是碧霞元君的诞辰，皇帝至广育宫拈香；五月十三日关羽诞辰，皇帝至关帝庙拈香；立夏日、立秋日，皇帝至生秋庭供前拈香；七月七日，皇帝至西峰秀色供前拈香；八月十五，皇帝在九州清晏供前拈香。九州清晏奉三无私殿为御园祭殿，殿内摆有神供，清帝每年初次临幸圆明园或离园赴承德避暑时，皆先至奉三无私供前磕头。二月初一日祭太阳神，亦在奉三无私殿内设供。此外，绮春园惠济祠、河神庙，每年春秋两季，都派大臣致祭淮渎龙王神位。凡祭祀典礼，都要演奏规定的中和乐章，由升平署承应，有时还有"寺庙献戏"等项目。

雍正少年时受到严格的教育，奠定了深厚的儒家文化基础，他广阅典籍，兼备儒释道学问，是一位博学而用功的帝王。即位前，就与僧侣交往甚密，彼此讲论佛学，他尊崇藏传佛教，提倡禅宗，并自号破尘居士，又称圆明居士。雍正还给皇子弘历取名"长春居士"，弘昼取名"旭日居士"。雍正屡屡鼓吹三教同源，也深知佛教对政治另有妙用，所以不时向弘历等皇子指示禅宗妙谛，弘历稍有心得，他就欣悦地与僧人讲述。雍正对于道教的热衷在清代的帝王中绝无仅有，他的重道思想在圆明园得以充分表现和发挥。日天琳宇之"琳宇"指神仙居住之处，日天琳宇设有斗坛，供奉有关帝、玉皇大帝、龙神、雷神等。皇帝至斗坛拜斗，早在雍正时期即成定制，雍正六年（1728）就已经在此处添置道徒，修建道场。第二年，雍正谕曰："朕惟古圣人之制祭祀也。凡山川岳渎之神有功于生民，能为之御灾悍患者，皆载在祀典。"后来雍正竟在别有洞天炼造仙丹，以求长生，其崇道之深可见一斑。

乾隆作为盛世君主，清醒地意识到藏传佛教在蒙藏民众中的影响力，以及利用宗教必须先了解宗教这个道理，所以他十分用心钻研藏传佛教，在学习藏文、研究藏传佛教经典的过程中，对

日天琳宇（圆明园四十景图）

密宗修习产生了浓厚兴趣。乾隆对"兴黄教安众蒙古"之策运用得十分自如，这离不开他对藏传佛教的深刻了解。乾隆时期，每月朔望都安排喇嘛在日天琳宇、月地云居念经。当时慈云普护、舍卫城、永日堂、广育宫、关帝庙、法慧寺、宝相寺等处，都有首领太监充当僧人上殿念经。乾隆三十八年（1773），正觉寺建成后，从香山宝谛寺拨派大喇嘛1名、副喇嘛2名及小喇嘛38名，在该寺梵修念经，因而此寺俗称喇嘛庙。乾隆还令正觉寺喇嘛于每月初一、十五日、初八、十三日、二十三日，在长春园含经堂梵香楼念经 5 次。乾隆二十一年(1756),乾隆在园居住了 168 日,有 35 天的时间从事各类宗教活动,其中,除圆明园外,还去了静明园、大觉寺和永宁寺等处,但以园内的活动为主。广育宫供奉碧霞元君,道教对女仙尊称为"元君",对碧霞元君的全称为"东岳泰山天仙玉女碧霞元君",俗称泰山娘娘,传说她是东岳大帝的女儿,宋真宗时封为"天仙玉女碧霞元君",主司妇女生育和护佑儿童长成,此外还保佑农耕、婚姻、祛病等。在民间,特别是北方很盛行信仰碧霞元君。清代,"都人崇奉元君,随方立庙,称为五顶。以四月十八为元君诞辰,旛华结会,繁丽殊常"。"妇人难子者宜以是日乞灵"。山东泰山的碧霞元君庙,清帝每年都要派人前往致祭。广育宫供奉碧霞元君显然也寄托了皇家多子多孙的愿望。清帝住园时,每月初一、十五日皆至广育宫拈香。四月十八日是碧霞元君诞辰,乾隆时期除皇帝和后妃前来瞻拜之外,有时还在该庙附近之聚远楼和福海北岸的松风阁"过皇会"。乾隆二十一年(1756)四月十六日,松风阁演会,乾隆早膳、理政完毕后,乘船至松风阁看会。十八日,正式过皇会,乾隆乘轿至福海南岸聚远楼与皇太后在该楼看会,而后乾隆至广育宫拈香完毕后,乘船至北岸松风阁看会。圆明园有山有水有花木,主宰山水花木的神灵是山神、龙王和花神,于是御园中分别建有山神庙、龙王庙和花神庙。乾隆朝于绮春园中"构山神庙一区",其中除山神灵位外,"设供城隍、土地神位";龙王庙建于慈云普护一景,供圆明园昭福龙王;花神庙原建于雍正末年,规模甚小,乾隆又于"濂溪乐处"正南新建汇万总春之庙,规格崇宏,万寿圣节、花朝、年节安摆供献。前殿供奉花神、花仙72神位，后殿独供"荷花仙子神位"，之所以突出对荷神的供祭，是源于周敦颐《爱莲说》对荷花的推崇和乾隆幼年因背诵《爱莲说》而得祖父康熙钟爱的故事。

惠济祠、河神庙为一组小型道观，分别奉祀天后和河神，位于绮春园西南隅，两个小院并排而建，东为惠济祠、西为河神庙。嘉庆十七年（1812）六月初八日的上谕说："朕敬礼神祇，为民祈福，大内及御园多有供奉诸神祠宇，每遇祈报，就近瞻礼，以伸诚敬，惟水府诸神，如天后、河神，向无祠位，凡遇发香申敬之时，皆系望空展礼……拟于御园内添建祠宇。"这组道观于嘉庆二十二年（1817）建成，完全是仿照江苏清江浦的建筑式样而建的。嘉庆在另一份上谕中说："于御园内仿照江南规制，建立惠济祠、河神庙二所，岁时升香展礼……因思清漪园、静明园两处龙神庙，均有春秋致祭典礼，御园惠济祠、河神庙，显应尤昭……著于每岁春秋二季，一体致祭。届期奏派管理圆明园大臣一员，肃恭将事。"御园祭祀妈祖与河神，对应奏乐章的要求亦颇严格。惠济祠自嘉庆时期建成，及每年春秋二祭被列入祀典后，后代皇帝均遵行祭祀。

相对于之前的几代清帝，道光以降的几位皇帝并没有太多的宗教热忱。道光后，圆明园宗教活动的平淡和衰减，一方面固然与皇帝本人的个人信仰有关，另一方面也是清廷统治危机及圆明园盛极而衰在宗教活动上的反映。

文化收藏

艺术珍品

圆明园收藏有大量的艺术珍品,堪称一座规模空前、荟萃无数珍宝的"皇家博物院"。内务府建有"陈设档",逐殿登记品名数量,并有定期核查制度,可惜"圆明园陈设档"迄今没有被发现,致使对其陈设的具体数目和详细情形不得确切而知。但通过对比清漪园和紫禁城的陈设情况,或可大体推算出圆明园的陈设数量应不少于100万件。清漪园的陈设,管理严格,登记全面,内务府也专门建立"陈设档"进行管理。乾隆时期的陈设达41000余件,嘉庆年间达42743件。道光朝,国力转弱,陈设数目减少。鸦片战争后,承德避暑山庄、清漪园、静明园、静宜园都开始裁撤陈设,独保圆明园。咸丰五年(1855),清漪园实有陈设37583件。至咸丰九年(1859)尚有37500余件。而且,这里所说的文物陈设不包括家具等日常用品类。考虑到清漪园并不是皇室主要园居之所,清帝只是偶尔到此一游,且其建筑面积比圆明园少得多,由此判断圆明园的陈设有数十万,甚至上百万都是不夸张的。再以圆明园与紫禁城相比,圆明园的建筑面积多达20万平方米,比紫禁城要多 4 万多平方米，两地所居住皇室成员的结构也基本相同，建筑内部的陈设格局、模式和品类也大体相似，故宫博物院现有文物 180 余万件，由此也可初步估算盛时圆明园的陈设不会少于 100 万件。

古今中外的人无不对圆明园规模庞大、内涵丰富的文物收藏交口赞誉。法国学者布立赛说："法国人往往把圆明园与路易十四和路易十五的凡尔赛宫相比拟。其实，圆明园远不止于此。它更为广阔浩大，因有大量皇家宫廷收藏，它的珍宝典籍也更多，尤其是乾隆积累下来的庞大而罕见的文化艺术宝库。这座皇宫御苑（兼配有植物园和动物园），亦为博物院和图书馆。"法籍华裔学者邱治平认为："圆明园不只是离宫御园，也是博物馆，是建筑博物馆，园林艺术博物馆；更因其收藏罕见的珍品和典籍，可为文化艺术博物馆。"参与焚毁圆明园的法军上尉巴吕就证实说："第一批进入圆明园的人，以为是到了一座博物馆，而不是什么居住场所。因为摆在架子上的那些东方玉器、金器、银器，还有漆器，不论是材料还是造型，都是那么珍稀罕见。那简直就像欧洲的博物馆。"法军医生阿尔芒·吕西更感慨道："世界第八大奇迹！""我为我看到的东西所震惊，瞠目，惊呆！现在，《一千零一夜》对我来说，完全是实实在在的东西……远自蛮族对罗马的洗劫以来，没有人见到过这样好的东西。"大文豪雨果也慨叹："法国所有大教堂的财宝加在一起，也许还抵不上东方这座了不起的富丽堂皇的博物馆。"光绪二十八年（1902），法国地理学家埃利赛·雷克吕和奥内西姆·雷克吕出版《中华帝国》一书，谈到圆明园时,同样写道:"包含着大量艺术杰作的珍贵器物,有很多被毁坏、被随意分掉,或者不可挽回地丢失了。同时,还有大量文物被挑选出来,在欧洲建立新的博物馆。"法国历史学家皮拉佐莉认为,圆明园曾容纳了物质世界所能创造的最精美、最罕有的东西。"要把天朝皇帝几个世纪搜集在园内的所有珍品描述出来,可能要写好几本书。"(德蒙特尔西)"这些屋子里到处摆设着古玩,我们像在博物馆里看古玩一样地观赏……去列举所有从圆明园中所盗劫出来的珍宝将是一件无边无际的工作……额尔金莫名其妙地也说:'我喜欢圆明园内所收藏的许多许多东西……'"[①] 传教士王致诚说:"建筑物的内部,和它们华丽的外表相比,更显完美。内部陈设非常讲究,家具和装饰物非常豪华,具有高雅的品味。在庭院里和甬道上,您可以见到装满鲜花并用黄铜制成的花瓶、瓷花瓶和大理石花瓶。一些房屋前,摆有代替裸体雕塑的动物塑像和装有香料并燃烧着的香炉。它们被放置在大理石基座上。""在宫殿不同的房间里,您可以看到所有您可以想象得到的最美丽的东西,像家具、装饰物和绘画(我当然是以中国人的口味来说的);最有价值的中国和日本木制品和漆器制品;古代景泰蓝花瓶、丝绸和金银、衣物。这些物品聚集在那里,使艺术性和鉴赏性融为一体,更显示出一种自然的富有。""不需要再去描绘那些宫殿里的东西。要去形容那些物质的和艺术的珍品已感词穷。在此之前我们所看到的只不过是当时那个景象的一

[①] 中国史学会主编:《第二次鸦片战争》六,上海人民出版社1978年版,第347、348页。

个小小的缩影。这是《一千零一夜》中的场景，是一种幻境，就是狂想也想象不出我们眼前确实存在的现实。"[1]蒙托邦说："在我们欧洲，没有任何东西能与这样的豪华相比拟。我无法用几句话向您描绘如此壮观的景象，尤其是那么多的珍稀瑰宝使我眼花缭乱。"蒙托邦所任命战利品委员会的法方代表保罗·瓦兰说："到处都是装饰着宝石的金银器，嵌着密密麻麻的金银丝图案的刀剑，镶着绿松石和珍珠的金银托架，还有纯金的偶像，用天然珍珠串制成的花果、树木盆景，用各种最珍稀的材料混合绞制而成的小楼阁。真是洋洋大观，令人目不暇接，大饱眼福！"

清代宫廷艺术取得了极高成就，清宫使用的各种器物如陶瓷、织绣、玉器、漆器、金属、玻璃、珐琅、竹牙雕、百宝镶嵌以及文房四宝等，无论是各地进贡的，或者由内务府打样发往各地定制的，或者内务府造办处制造的，在制作技术、用材、款式方面都能广征博采于民间，融糅宫廷的审美情趣，适应皇家的生活需要。圆明园殿堂内的装饰和陈设富丽堂皇，工艺考究，许多装饰均采用"周制"。所谓"周制"，就是在明朝末年，扬州姓周的一家工匠，在装饰物上，将金银、宝石、珊瑚、珍珠、碧玉、翡翠、水晶、玛瑙、玳瑁、青金、绿松、螺钿、象牙、蜜蜡、沉香等各种珍贵物品，雕刻镶嵌成山水、楼阁、人物、草木、虫鸟、花卉、翎毛等图形。这种做法，对于清中后期家具及内檐装修、陈设的影响很大。清代统治者追求雍容华贵，讲求工艺效果，所嵌物品

---

[1] （法）布立赛：《1860：圆明园大劫难》，浙江古籍出版社2005年版，第197页。

料精质美，价值非凡，纹饰多有吉祥寓意。圆明园很多殿堂都采用了这种镶嵌工艺。嘉庆年间，修缮圆明园安澜园、舍卫城、同乐园、永日堂等，其门窗均用"周制"。嘉庆十九年（1814），建造绮春园竹园，命两淮盐政承办紫檀装饰，共200余件，有榴开百子、万代长春、芝仙祝寿等花样。二十二年（1817），福海东岸接秀山房改建完工，再命两淮盐政承办紫檀窗棂200余扇、多宝架3座、地罩3座，有万寿长春、九秋同庆、福增贵子、寿献兰孙等花样，俱用周制。这类"周制"装饰品，完全称得上是最精美的艺术瑰宝，英国特使额尔金的私人秘书亨利·洛克描述："圆明园室内的陈设墙上悬挂的匾额，差不多有一两码见方，描绘乡村和山林的景色。或者远山近水，历历在望，或者驰骋林原，射击鸟兽的情景。其中人物、树木、泉水、野兽都用绿玉、白玉和别种颜色的宝石嵌成。"可见当时圆明园室内的很多陈设都采用了这种"周制"工艺，甚至匾额也莫不如此。

名人字画在园中随处可见，不仅厅堂斋馆内有悬挂，而且在一些游廊侧墙上有时也镶嵌着书法碑刻，甚至在院墙的月洞门上还要安置砖额，假山、水池之旁也有勒石题刻。这些字画不仅是一种装饰点缀，它们还构成了园中的特殊景观，营造了"清词丽句总为邻"的氛围。园内建筑还附带有大量的墙画、窗画、门画等，室内外墙面上装裱了各式锦缎和巨幅的"通景画""深远画"，其中有许多装饰画是出自西洋画师郎世宁等人的手笔。清帝经常就绘画的具体绘制和如何张贴下达各种指令。园中的宗教艺术品为数甚多，如方壶胜境室内以陈设佛像和佛塔著称，其中后部的九座楼阁中供奉着 2000 多尊佛像、30 余座佛塔。焚毁圆明园的英法联军描述道："在宝塔里，我们发现有各式各样的佛教祭品：巨大的佛雕，有金的、银的、铜的。""有很多琳宫梵宇，供奉着奇奇怪怪的神祇（后来才知道，有几个菩萨是金制的）。""佛像极其巨大，系用木料制成，外面镀金很厚。殿的四周，有许多蜂窝似的小神龛，中间供奉着小一些的菩萨……另一个神龛里，摆着镀金的香炉。又有一个镀金顶七彩的珐琅香炉，搁在别的神龛里。"由于乾隆的特殊喜爱，在他理政和生活起居的殿堂，如勤政殿、清晖阁、同乐园、含经堂等处悬挂有大量的壁瓶，而且壁瓶的造型奇巧多姿，制作精美、品种丰富，式样大多是以大瓶、尊、觚等缩样制作，瓶体好像剖开的半器呈扁平式。玉器是圆明园室内陈设的一个重要类别，不仅数量众多，而且制作精美。英军步兵队长瓦尔西礼对圆明园的玉器收藏赞誉有加，他说："各种珍宝中，碧玉为中国人所最看重，价值有极昂贵的。过去数百年内，最精美的玉器，均为皇帝所收买，储藏于圆明园中，最贵重的一种，乃是鲜明的绿色，中国人称为翡翠。这种玉永远找不到许多的，甚至零星小块都很是珍奇。洁白透明的玉，也很贵重，此处储藏着许许多多，全都琢磨得很精美。有几间屋子内，置有大柜。柜中装满玉石所制的杯盏、瓶、碟等等。"

以正大光明殿和谐奇趣为例，可以具体了解圆明园中式建筑和西式建筑不同的陈设内容和装饰风格。

正大光明殿陈设极其豪华。内檐高悬雍正御书"正大光明"镏金匾，两旁悬有雍正和乾隆写的楹联。殿内东壁悬乾隆御书《周书·无逸篇》，西壁悬《豳风图》。据乾隆五十八年（1793）、咸丰十年（1860）先后目睹过该殿的英国副使斯当东，及英军随军牧师麦卡吉、英军步兵队长瓦尔西礼记述，正大光明殿内用白色大理石铺地，光亮照人，石块琢磨精美，并切成数目字形式，接缝极细。正中安置的皇帝宝座更是极其讲究，为紫檀木所制，做工精美，宝座上覆盖着黄色绣缎套子。宝座位于高台上，下面有三级台阶，台四周环以红漆木栏杆，雕刻着玫瑰等花卉，精美富丽。宝座两边竖有高高的屏风，饰以蓝翡翠和孔雀毛，雀羽上系着红宝石和碧玉。殿内的巨大木柱漆成红色，屋顶木制天花板精镂细雕，嵌花复杂，悬挂着由西洋赠送的制作精美的玻璃吊灯，窗户糊着白色的高丽纸。殿内四周排列着刻镂精美的桌柜，陈列着宽博而灿烂的碧玉碗盏及许多瓷瓶、冰裂纹瓷缸和其他珍奇古玩，还有几座法国钟及许多册印刷精美的中国经书。麦卡吉与瓦尔西礼都还特意提到，正大光明殿入门左边（西）墙上部，"悬挂着一幅巨大而且详细精致的行宫内庭院的总图，几乎把那片墙壁全都遮盖住了"。这正是圆明园全景"大观图"。乾隆五十八年（1793）的英国特使马戛尔尼也记述道："御座为一桃心木之大椅，上刻精美之花纹，其木料则产自英国。华人以为稀有之物，故用以制为御座。御座之下有一台，高数尺，两旁有木制之短阶，以便上下……两旁则各有一孔雀毛制成之扇，面积极大做圆形，颇美丽可爱。全殿地皮均用大理石铺之，石有灰色、白色两种，纵横相间，望之如棋盘形。石上人行之处，复铺以洁净之席。殿之一角有一八音时辰钟，拨其奏乐之键，能奏乐十二。"

西洋楼的陈设多是西洋风格，颇具西洋奇趣。法军上校保罗·瓦兰说："墙上挂着亭亭玉立的法国宫廷美女的全身像，下方还有她们的名字。"法军军医阿尔芒描述道："建筑装饰完全按照法国的样式建造而成，装潢和家具，来自哥布林地毯厂的地毯，圣格本产的镜子，吊灯，烛台，座钟，油画，其中一幅描绘的是亨利四世在九桥上——这一切都是上个世纪的法国风格，我们甚至感觉似乎已经身处巴黎。"其中谐奇趣就类似于是一个西洋主题的陈列馆。谐奇趣殿内陈设，一是先经郎世宁等人奉旨按西洋法子画出陈设纸样，呈准后再由在京效力的西洋人杨自新、席澄源等带匠人承做，或者发往西洋传办，如乾隆十五年（1750）五月，乾隆命造办处将所需西洋物件开列清单，内列大玻璃镜等皆谐奇趣装修、家具、陈设所用，同年九月，内务府拨银两万两，交皇商范清注赴西洋采购。二是从造办处库房及京内外搜集各种西洋陈设。从乾隆十七年（1752）十月至十八年（1753）四月陆续送到谐奇趣水法殿的西洋陈设即达二百余件，有西洋罗镜灯、玻璃挂灯、玻璃八仙灯、挂镜、日晷、显微镜、银兽、绒狗、天体仪、浑天仪、天球、西洋珐琅莲花灯、珐琅碗缸瓶罐、大小钟表、花毡、箱柜桌椅等。乾隆二十二年（1757），乾隆下旨命粤海关陆续采买水法殿上所用玻璃。谐奇趣西八方亭内有风琴钟一件，乾隆三十五年（1770）曾令汪达洪收拾。谐奇趣殿内正宝座背后照壁，由郎世宁设计，做成楠木花贴金，内嵌六块玻璃，宝座周围吊屏亦为楠木花贴金。谐奇趣水法大殿曾张贴由郎世宁、王致诚绘制的西洋通景画。谐奇趣东平台楼内，安设洋漆玻璃九屏风一座。乾隆十八年（1753）四、五月葡萄牙使臣巴哲格访华时，乾隆特允于此"瞻仰"水法，事后在屏风背面贴挂该使臣的油画头像。第二年郎世宁又添画了康雍两朝葡萄牙来使和在京效力多年的17位西洋人油画头像，同贴于九屏风背面。乾隆三十九年（1774），又由西洋画师艾启蒙作了添改，中间上层画康、雍、乾年间三位葡萄牙来使，下层画戴进贤、郎世宁、艾启蒙头像。西平台楼内桌案上，则陈设郎世宁设计的一对西洋玻璃灯。

典籍书画

盛时圆明园收藏大量图书文献，包括《四库全书》《四库全书荟要》《古今图书集成》等。碑帖书画是体现园林文化内涵的重要方面，遍布园内的诗碑、石刻，熔诗文、书法等多种艺术手段为一炉，成为特殊的文化景观。为深化园林的文化意境美，清帝十分重视传世墨宝的作用，坐石临流的"八柱兰亭""淳化轩"等都是以保存古代稀有墨迹而闻名，成为著名的书法景观。在营建园林的过程中，宫廷画师还同步创作了大量关于园林的画作，这些图画有的更是配上皇帝的御制诗，构成园林文化的另一个表现形式。侵华法军司令蒙托邦记述道："有一个存放档案的宫殿，里面有很多50厘米长的正方形画卷，每张画都注明了主题。整个中国历史都被嵌在这一系列的画卷中。画的颜色非常鲜艳，就像刚画上去一样。"由于圆明园具有"皇家图书馆"的职能，所以清帝有时也将其文献收藏、调拨或带至其他御苑，以备随时御览。如乾隆四十年（1775）至乾隆六十年（1795）期间，汤泉行宫即由圆明园等处陆续领来或送来文房用具和书籍册页等物品。汤泉行宫的两个书房内还陈设有二套《兰亭八柱帖》、二匣《淳化阁帖》及《五代五福堂记》等圆明园相关文化元素。

《四库全书》

《四库全书》是我国历史上规模最大、最完备的综合性丛书。所谓丛书是指将若干种著作汇编在一起，冠以一个总名。《四库全书》自乾隆三十八年（1773）至五十三年（1788）修成抄出，共8亿字，收入先秦至乾隆朝的各类图书3503种。分经史子集四大类，79337卷，36078册。《四库全书》第一次全面整理和抄录了中国古代各种典籍，内容浩瀚，包罗万象，成为中国传统文化的文献总汇。《四库全书》编成后共抄写7部，分藏于紫禁城文渊阁、圆明园文源阁、承德文津阁、沈阳文溯阁、扬州文汇阁、镇江文宗阁、杭州文澜阁。第三部于乾隆四十八年（1783）藏于文源阁，其每册首尾，都钤有"文源阁宝""圆明园宝"的宝玺。为方便自己阅读，乾隆特命编纂《四库全书荟要》，它精选《四库全书》重要篇目，共计12000册，但总共只誊抄了2部，1部贮藏紫禁城，1部收藏于圆明园含经堂味腴书室。咸丰

文源阁《四库全书》残卷

十年（1860），文源阁《四库全书》被英法联军焚毁殆尽，仅有极少一部分流落异域。

《古今图书集成》

《古今图书集成》是世界上现存规模最大、保存最完整的类书。所谓"类书"，是指对文献资料分类摘编的图书。《古今图书集成》由清廷组织力量自康熙四十五年（1706）至雍正元年（1723）修成，共5020册，1万卷，1.7亿字，初版仅64部加1部样书，圆明园文源阁即藏有一部。《古今图书集成》分六编，编下分典，典下分部，分类摘编先秦至康熙朝的大量文献，可谓是中国古代保留至今的最大的百科全书。

《钦定重刻淳化阁帖》

《淳化阁帖》是我国历史上第一部大型丛帖，被誉为诸帖之祖，

《钦定重刻淳化阁帖》石刻及拓片

其初拓本，当时就珍藏于含经堂淳化轩。乾隆《钦定重刻淳化阁帖》拓印本和摹帖版刻石，也是书法艺术珍品。《钦定重刻淳化阁帖》拓印本拓于乾隆三十八年（1773），圆明园共收贮18部，存放在保合太和殿、狮子林等处。摹帖版刻石，共144幅，镶嵌在淳化轩前边的24间左右回廊之中，仅有一套，弥足珍贵。

《兰亭八柱之册》

乾隆将原来"坐石临流"的小亭改建成重檐八方亭，原来的石柱换成方形青白石柱，乾隆还把从内府藏帖中辑得的历代书法名家《兰亭帖》墨迹6册，及大学士于敏中补柳帖之漫漶（缺笔）成一册，再加上乾隆自己临摹董其昌所仿《柳书兰亭帖》一册，合为《兰亭八柱之册》，并在每根柱上摹刻一册。这就是圆明园八柱兰亭。所谓"因就此亭易以石柱，而各刻一册于柱，以永其传"。还在亭中竖立一座巨型石屏，正面刻王羲之等人《曲水流觞》图景，碑阴刻乾隆相关御制诗。

《寒食帖》

苏东坡的书法自成一体，与蔡襄、黄庭坚、米芾并称为"宋四家"。《寒食帖》是苏轼行书的代表作。通篇书法起伏跌宕，气势奔放，被称为继王羲之《兰亭序》、颜真卿《祭侄稿》之后的"天下第三行书"。康熙时，《寒食帖》被大词人纳兰性德收藏，后被收归内府，并被刻入《三希堂法帖》。乾隆在《寒食帖》上钤盖了不少印玺。咸丰十年（1860），圆明园罹劫时，《寒食帖》被烈火烤焦边沿，险遭毁坏。后《寒食帖》被转卖入日本。二战后，国民政府外交部长王世杰委托友人在日本访觅《寒食帖》，并购

寒食帖（局部）

回台北。1959 年，王世杰题跋于《寒食帖》后，略述是帖流亡日本以及从日本购回的过程："东坡先生此帖，曾罹……英法联军焚毁圆明园之厄，尔后流入日本……二次世界战争期间，东京都区大半为我盟邦空军所毁，此帖依然无恙。战争甫结，予嘱友人踪购得之，乃购回中土，并记于此。后之人当必益加珍护也。"

《圆明园四十景图咏》

由宫廷画师沈源和唐岱遵照乾隆旨意依据圆明园实景绘制，四十景是指独成格局的四十处园林景观。该图为绢本彩绘，每幅图配有乾隆一首对题诗，由汪由敦代书。共计四十对幅，每对幅为左诗右图。全图分为上、下两册。首册画页之前分裱雍正御书《圆明园记》和乾隆御书《圆明园后记》。每册最后一景的图、诗末尾，均款书"乾隆九年甲子九月奉敕，臣唐岱、沈源恭画"和"工部尚书臣汪由敦奉敕敬书"字样。该图共钤盖有百余方印章，其中最大的一方为"圆明园宝"。这套彩绘图册前后历时 11 载方告完工，足见成图之不易。该图记载了圆明园昔日之辉煌，是人们了解圆明园原有风貌最直观、最形象的资料。"四十景图"以写实的手法描绘了圆明园鼎盛时期建筑和园林的风貌；"四十景诗"则揭示了圆明园的历史、政治和文化内涵。诗画结合，相得益彰。咸丰十年（1860），该图被掠至法国，后被法国国家图书馆收购，并收藏至今。

《圆明园大观图》

"大观图"是综合反映盛时圆明园全景大观的通景总图。由宫廷画师冷枚、唐岱、沈源和意大利画家郎世宁等人，历时两年半完成。配上巨型图框，通高 4.4 米，通宽 11.2 米，极为壮观。上有乾隆御题"大观"二字，俗称"大观图"。由沈源绘房舍，唐岱绘山土树石，郎世宁绘大宫门外卤簿銮驾随从人员和园内打扫地面人物等。于乾隆三年（1738）绘裱完竣，张贴于九州清晏清晖阁。乾隆二十八年（1763）九州清晏火灾后，"大观图"经如意馆找补颜色后，仍挂清晖阁。道光中叶清晖阁被改建时，移挂于正大光明殿西墙。

《西洋楼铜版图》

《西洋楼铜版图》是西洋楼各座欧式建筑、庭院的立面透视图，共计 20 幅。对西洋楼建筑的形象以至细部尺寸，都有相当准确和客观的反映。该图先后分两次，共压印成纸图 200 套。它是我国印刷史上，首次引进西欧铜版印刷工艺，自行刻板印刷的第一部印刷品，具有首创意义。主画师是如意馆画师——满族人伊兰泰，刻制铜版则由造办处匠师完成。从乾隆四十六年（1781）起稿，至五十一年（1786）印刷成图。图成之后，二十块铜版被收藏于水法大殿，并在西洋楼各殿共陈列纸图40套，在圆明园、长春园另外11处殿宇也各贮一套。

《女史箴图》唐代摹本

东晋顾恺之的画作被喻为"春蚕吐丝"，其作品线条细腻，画面柔美鲜活。《女史箴图》一直是历代宫廷收藏的珍品，现在世界上只有两幅摹本，一是宋人摹本，另一幅就是大英博物馆的唐人摹本。《女史箴图》的唐代摹本，是当今存世最早的中国绢画，具有里程碑的意义，也是举世公认的中国国宝。该摹本是乾隆的案头之爱，咸丰十年（1860）被英军大尉基勇从圆明园掠走。光绪二十九年（1903）被大英博物馆收藏，成为该馆最重要的东方文物之一，被视为"镇馆之宝"。

《耕织图》元代摹本

元代程棨摹南宋楼璹所绘《耕织图》分为耕作、蚕织两部分，有耕图21幅、织图24幅，各附五言诗一首，共45图。图为纸本卷轴，均以水墨设色。乾隆命画院将该图双钩临摹刻石，每图并加题诗一首，刻成后，收藏于圆明园多稼轩。咸丰十年（1860），程本《耕织图》被劫掠，现存于美国。乾隆《耕织图》刻石，中国国家博物馆收藏有23幅，其中的14图仍较为完好。

狮子林倪云林画作

狮子林收藏有乾隆《钦定重刻淳化阁帖》和《西洋楼铜版图》

各一套，还收贮有三卷绢丝字画手卷，即乾隆御笔《题御园仿构狮子林前后八景》诗、《再题狮子林十六景》诗和《御临倪瓒狮子林图》，手卷皆用银片做字，分盛于紫檀木匣里。狮子林清閟阁以倪云林书阁名命名，以收贮倪云林画品为著。倪云林与黄公望、王蒙、吴镇并称为"元四家"。他有一座三层的藏书楼"清閟阁"，还著有《清閟阁集》。至清乾隆时期，倪画真品已较为少见，乾隆仍精选倪画6种置于此阁，该阁还贮有一幅明代杜琼所摹倪云林《狮子林图》。

淳化轩元人画作

淳化轩不仅以《淳化阁帖》为世人所知，而且该轩还收藏有大量的历代书画珍品。"仅目前分藏于北京故宫和台北故宫的元人画卷就有钱选《浮玉山居图》、赵孟頫《人骑图》、郭畀《雪竹图》、朱德润《秀野轩图》及王蒙《夏日山居图》等名迹。书法作品则有传为钟繇的《荐季直表》墨迹、唐颜真卿《自书告身帖》墨迹，宋苏轼、米芾、王诜等人的诗帖等等，均属稀世墨宝。这些书画上一概钤'淳化轩图书珍秘宝'及'淳化轩''乾隆宸翰''信天生人'组印。当年珍藏在淳化轩中的宋毕士安《淳化阁帖》初拓赐本十卷今仍完好收藏于故宫博物院。"[①]

九州清晏画禅室名画

九州清晏有一处景点叫"池上居"，乾隆"每于夏月间憩此"，此景也是皇帝收贮明代书画家董其昌所品题《名画大观》及宋元

---

① 朱杰：《长春园淳化轩与故宫乐寿堂考辨》，见《故宫博物院院刊》1999年第2期总第84期。

明真迹之处,因董其昌旧有"画禅室",乾隆即借其名为此室别额。乾隆十四年(1749),乾隆聚董其昌品评之《名画大观》及虞世南临兰亭帖等真迹,贮藏于此。乾隆《初夏池上居》诗注曰:"宫中画禅室所奔董其昌名画大观册及黄公望山居图、米友仁潇湘图、李唐江山小景、宋元明真迹册,又予新集唐五代宋元王维、周昉等画帧。凡幸圆明园,则携来以贮此室。"

流散文物

圆明园规模庞大的文物收藏除后来毁于英法联军的罪恶之火外,绝大部分的奇珍异宝则被英法联军劫掠,并逐渐流散于全球各地。当过光绪英语教师的张德彝,同治五年(1866)作为我国第一位赴欧旅游团成员出国游历时,就在英国伦敦亲眼看见中国的龙袍、貂褂、朝珠、玉石、画轴、神像等圆明园御用之物被赁卖。在张德彝的《航海述奇》以及薛福成的《出使英法意比四国日记》、梁启超的《新大陆游记》、康有为的《法兰西游记》中,均有圆明园珍贵文物在英、法、美等国被展览、拍卖的记载。张德彝称"睹之不胜恨恨"。梁启超在纽约博物院陈列的圆明园器物前深感汗颜。

流传至今的圆明园原有陈设和收藏,最集中的是大英博物馆和法国枫丹白露宫。法国军事博物馆有皇帝的军刀、盔甲等。其他如美国、日本等国的博物馆和一些个人也收藏有圆明园文物。2000年春,保利艺术博物馆从香港拍卖市场竞购圆明园海晏堂牛首、虎首、猴首铜像，耗资3317万港元；2007年6月，圆明园流失海外147年的一只粉彩霁蓝描金花卉大瓶，被收藏家马未都以2408万元收购；2007年9月，澳门商人何鸿燊以6910万港元的价格，购买圆明园海晏堂马首铜像。类似这些文物的现身都引来广泛的社会关注，但对于圆明园的盛时收藏来说，为世人所知的文物不过是沧海一粟。现在，只有极少量的圆明园精美文物散落在国内，如国家博物馆、首都博物馆等文博机构，尤以国家博物馆的海晏河清尊最具代表性。此尊俗名"燕子罐"，原陈设于海晏堂。寓意"海晏河清，四海升平"，用以比喻天下太平。其余散布在国内的圆明园文物大多为装饰点缀性石件、建筑石构件、碑刻等石质类文物。这些石质类文物散失的范围主要为北京、保定、南京及苏州等地。

侵华法军司令蒙托邦将从圆明园抢劫来的所谓战利品献给拿破仑三世和欧也妮王后，王后将这些物品汇集在一起，在法国枫丹白露宫建造了中国馆。该馆现收藏圆明园文物1000余件，包括商周青铜器、明清官窑瓷器、景泰蓝制品，以及翡翠、玛瑙、珊瑚、水晶、象牙、雕漆等器物。有的物品上明确写有圆明园的景点名称，如汇芳书院、耕云堂等，由此可判断这些物品在圆明园的陈列殿堂。该馆的代表性文物有：金佛塔，高约2米，青铜镏金，通体各层镶嵌着绿宝石，塔顶部为日、月、伞和三宝，代表着佛教中理想的天界，日、月上也镶嵌着巨大的绿宝石，中间的半圆体有一佛龛，佛龛中为释迦牟尼像，形态自然、铸造艺术精湛，下部四方体有雄狮托起整个塔体。景泰蓝五供，中间是香炉，

枫丹白露宫中国馆

两边对称摆放的是烛台和花瓶，五供均绘制环形图案，颜色有玉蓝、黄绿、翠绿、玛瑙红和明黄色等。青铜鼎，铸造精密，样式沉稳，并配有朴素的装饰，鼎体浑圆且深，向上收口，两侧对称设耳，上部有扁平浮雕，龙的图案变化有致，形成饕餮纹。玉洗，玉料极好，雕工精湛；其上带有琥珀色，花纹线条流畅，呈椭圆形；四个半裸男孩正想爬上洗的边沿，圆头小眼，目光狡黠，十分可爱。青花大碗，线条柔和，碗体厚实，图案有明有暗，青花有许多小的氢化点，略有外浸与釉色混为一体；内壁为枝干图案，外壁为叶饰，枝丫上花果相间，每个枝丫各不相同；叶饰更为精妙，以不断的流水纹包起整个外壁；外壁主体绘有六朵荷花，还有花苞和荷叶作为陪衬。百子漆盒，雕刻精细，工艺水平很高；图案为百子游戏图，童子神态不一，情趣盎然；通体建筑、花木、石头等内容线条柔和，形象生动，整体布局协调有致。

汇芳书院、耕云堂玉器

青铜鼎

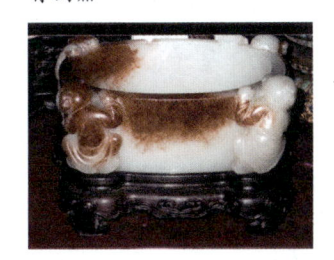

玉洗

金佛塔

青花碗

百子漆盒

家国天下

乾隆曾说:"帝王临朝视政之暇,必有游观旷览之地,然得宜适以养性而陶情。"清帝每年都有大半时间居住于圆明园,并把所谓的"日理万机"与优游之乐合于一处,把园林的憩静幽雅和繁冗复杂的政务结合在一起,享有心旷神怡的安逸,而在紫禁城中的时间反而较少。对清帝而言,圆明园不是风景名胜,不是郊野公园,而是他们美丽、温馨的"家"。"皇家宫苑"不仅暗含皇家的属性,也更明确了"家"的属性。皇帝、太后、嫔妃、皇子、格格等皇室成员,在园内各得其所,他们在圆明园这一人间仙境中过着锦衣玉食的生活。

盛时圆明园是堪与紫禁城比肩的国家政治中枢，政务设施完备，政治活动频繁，一幕幕历史活剧次第上演。圆明园是康乾盛世的产物，清代君臣在这优美宜人的生态办公区处理政务，一系列重要决策由此发向全国，推动着康乾盛世的政治、经济、文化和军事向纵深发展。在传统的封建宗藩体制下，圆明园也是清帝国进行宗藩联谊的舞台和对外交往的窗口，清帝日益沉湎于天朝上国的迷梦，陶醉于万园之园的美景和万国来朝的幻觉，也逐渐埋下了盛世的隐忧。

皇帝的家

在紫禁城中，行动颇多限制。若园居，除政务外，其余行动可不受约束，相对自由得多。加之园林景色优美，天地广阔，可使他们更随心地耽于园林之乐。园林不同于轴线对称、主从分明、处处体现着封建礼制与伦理秩序的宫殿，它渗透着自由的气氛和诗情画意的气质。置身其中常见虚实对比、曲折变幻、楼台掩映、花木扶疏、移情换景、曲径通幽等景象，仿佛可以使人忘却世间的烦恼与困顿，进入超脱的清淡境界。正如乾隆所言："若夫崇山峻岭，水态林姿，鹤鹿之游，鸢鱼之乐。加之岩斋溪阁，芳草古木。物有天然之趣，人忘尘世之怀。较之汉唐离宫别苑，有过之而无不及。"圆明园"四时之景不同，而赏心乐事者亦与之无穷"。

喜溢秋庭图

皇室成员们长期悠游于此，他们可以在河湖泛舟，在福海观赏龙舟竞渡、河灯，乘坐冰床游赏；在藏书楼读书、在同乐园等戏台听戏、在山高水长欣赏元宵火戏；在买卖街陶醉于模拟市井街市的别样风情；在北远山村、多稼如云等地享受农桑、田园和水乡景致；在西洋楼欣赏各式各样的西式水法；他们还可以在园内拈香拜佛、登高览胜、宴饮咏对。

圆明园有亭台园林之胜，比紫禁城更为宜居，所以"上心悦豫，殚精构造，曲尽游观之妙……内廷大臣，赐第相望。文武侍从，并直园林，入直奏对，昕夕往来，络绎道路"。每年"自新正郊礼毕移居园宫，冬至大祀前始还大内"，"盖视大内为举行典礼之所，事毕即行，无所留恋也"。这就是说在一般情况下，清帝每年正月行郊礼完毕即来御园，直到冬至大祀前夕，才打点回宫。皇帝每年由皇宫到圆明园，都有庞大的銮仪前呼后拥地护送，到圆明园则又有排列整齐的仪仗队，奏乐迎接。届时皇太后、皇后嫔妃、皇子公主等眷属，都一同随往。待入冬后，迁回大内时，也是"宫眷皆从"。这种每年两度的浩浩荡荡大迁居，就是"大搬家"。当然，皇帝园居期间，他本人是要频繁往来于大内与御园之间的，正如乾隆所云"宫禁园庭往来居"。这一方面是因为清帝特别喜欢居住在园内，乾隆认为"紫禁围红墙，未若园居良"，所以，在需要暂时离园时，只要可能他就会尽快赶回园内，尤其盛夏更是如此。另一方面则是因为有些朝政礼仪活动，皇帝要在宫内完成。再加上还有一些祭祀活动，皇帝不但要亲祭，而且还必须先期回宫"斋戒"。此外，皇帝有时也外出巡游，如东巡、南巡、承德避暑等等，所以常常是来去匆匆，频繁往返。

皇帝长住

圆明园是清帝长期园居的大型皇家御园，除了外出巡游，一年之中的绝大部分时间是在圆明园度过的。从雍正到咸丰，五朝皇帝驻跸圆明园的时间，全都超过其宫居紫禁城的时间。具体而言，雍正十几年的帝王生活，除冬日在紫禁城略住几十日之外，主要在圆明园居住。除去为康熙及太后服丧的时间，从雍正三

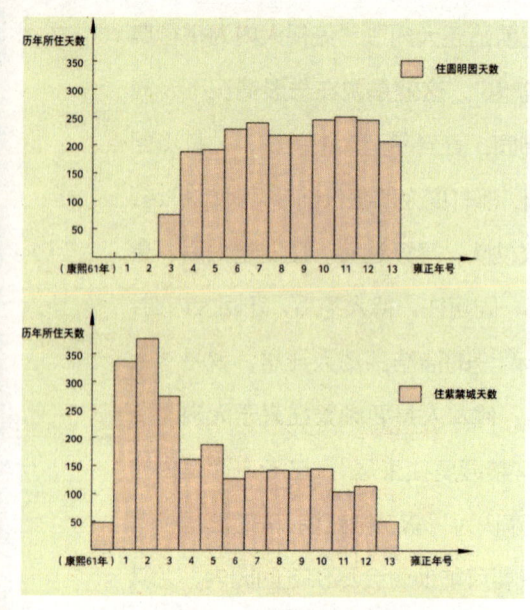

雍正驻跸圆明园与紫禁城时间表

年（1725），雍正首次以皇帝身份驻跸圆明园至雍正十三年（1735），雍正病逝于圆明园，雍正累计居住2314天，平均每年210天。雍正十一年（1733），全年共计355天，雍正有246天生活在圆明园，占全年天数的70%。乾隆的活动范围较大，除紫禁城、避暑山庄、南巡、东巡之外，也是长期在圆明园居住。乾隆在58年间累计在圆明园居住7310天，平均每年126天（紫禁城宫居年均110天），在圆明园居住的时间看似不长，但实际上仍然比在宫内居住的时间要多一些。乾隆二十一年（1756），有闰月，全年共393天，乾隆去热河行宫及木兰围场66日，去曲阜54日，其余居大内105日，居圆明园168日。嘉庆驻园时间年均162天（宫居年均135天）。嘉庆之后，皇帝在圆明园居住的时间更长，尤其道光在园居住的时间一般每年要接近300天，年均驻园多达260天（宫居年均不足91天）。道光时期，国力衰弱，道光宁可裁撤避暑山庄、清漪园等园林的陈设，也要保证圆明园生活起居的完备与安逸。他住在园内的时间越来越长，最多的一年达354天（有闰月）。道光二十四年（1844），全年共347

道光行乐图

天。道光在园内居住274天,在宫中居住73天,该年冬至前道光奉太后回宫,次年正月初九又到圆明园。咸丰也酷爱在园内居住,咸丰在1860年出逃避暑山庄前,驻园7年,年均也达216.6天。圆明园罹劫的咸丰十年(1860),他仍在圆明园住了212天。

圆明园地域广阔、景物众多、功能齐全,是具有多种用途的综合体,帝后的起居、宴集、君臣的骑射以及观剧、祀祖、礼佛、政务等功能都内涵其中,而最主要的即是听政和园居这双重功能。清帝不喜欢久居于紫禁城高屋大墙下的封闭空间,而更乐意把朝务移于园林空间来。在圆明园,帝后寝息处所的设置,既有较为固定、集中的寝宫区,又能随处而憩。清帝的主要寝宫在九州清晏,包括九州清晏殿及前期的乐安和,后期的慎德堂、同道堂等;妃嫔寝宫主要在天地一家春;皇太后寝宫,主要在长春仙馆及绮春园敷春堂;太妃太嫔寝宫则主要在敷春堂的东西二所、东南所;皇子除了各有赐居之地外,一般也在园内洞天深处上书房附近起居读书。在园居住时,清帝并没有沉湎于游山玩水,他们也注重揭示或彰显圆明园的政治及文化隐喻,并常常由园林景观联想到修心治世。营造园景时往往刻意以儒学的治世思想为宗旨，常常寓自然景物以道德、伦理、政治的内容，把艺术作为一种教化手段，即运用园林艺术作为教化工具，以之警铭自己，教育后代，训诫臣工。这一点正如康熙在《御制避暑山庄记》中所言："玩芝兰则爱德行，睹松竹则思贞操，临清流则贵廉洁，览蔓草则贱贪秽。"历代清帝用心良苦，无非是让园居环境的功能和效益得以最大化，以达到自我标榜、笼络人心，最终巩固统治的目的。

女眷居所

长春仙馆初名莲花馆，雍正时期为皇四子弘历的赐居之处，乾隆十三年（1748）前仍为乾隆孝贤皇后宴息之所。乾隆元年（1736）定名长春仙馆，乾隆认为"朕孝养皇太后应有温情适宜之所"，遂将之增饰为皇太后每幸御园行庆度节时的驻憩处所。

"天地一家春"始于雍正朝，为九州清晏东路后妃寝宫院七间正殿之内额，亦是后妃诸院的总称，嘉庆即出生于此。天地一家春南设宫门，门内有影壁，正殿七间、后殿七间，最后为十五间房，明间皆为穿堂。主院东西两侧还有七八座小套院，多为正房、南房各三间。皇后殿原在西北部，为三间两卷殿，道光中叶皇后寝宫移至九州清晏西路后，该两卷殿改建成东西两座小院。天地一家春殿，亦称"山容水态"，殿内陈设铜药王佛一尊。天地一家春后殿挂《多子图》一幅。天地一家春最北之十五间房叫"泉石自娱"。天地一家春殿西北小院叫"杏树院"，此处还有"大雅斋""思顺斋""福寿仁恩"等多幅内额。咸丰朝各妃嫔的寝居之处如下：天地一家春殿穿堂西侧三间是"懿嫔住"，懿嫔就是后来的慈禧太后。后殿东三间、西三间分住璊贵人和容贵人。泉石自娱东头五间分住明常在、英贵人，西边三、四次间住鑫常在。杏树院三间正房住玫贵人。又西北东院后正房三间住丽嫔，前正房三间住璹贵人。西院前正房三间住婉嫔。各妃嫔宫女下屋皆在就近南房或厢房。天地一家春妃嫔寝宫区每年春季还要搭安秋千架，以供妃嫔游戏消遣。

敷春堂为绮春园宫门内的中心景观，道咸时期是皇太后的寝宫区。中路前部为寝殿，后部为园林景观。前设内宫门，西路亦为园林区。东宫门外则为诸太妃太嫔寝所。敷春堂寝宫，道光朝，孝和皇太后（嘉庆孝和皇后）每年绝大部分时间均在此地园居，前后达27年。咸丰二年（1852），康慈皇贵太妃（道光静贵妃）亦居住于此。翠云崇霭为敷春堂东宫门，门外北侧为东西二所，南侧为西南所。咸丰时期，道光的妃妾、女儿或儿媳（道光长子隐志郡王奕纬的遗孀）居住在东西二所。东南所位于东西二所之南，由六座南北错落的大小院落组成，共60余间房。咸丰时期，先帝道光部分级别较低的嫔、常在等遗孀居住于此。

迎晖殿为绮春园正殿，皇太后万寿节接受群臣朝贺即在此殿。届时设中和韶乐于殿外檐下，丹陛大乐则设于大宫门内。道光二十九年（1849），孝和皇太后病逝于大内，咸丰五年（1855），康慈皇贵太妃病逝于大内，后均将梓宫移奉于迎晖殿暂安祭奠。

后妃生活

后妃们的园居生活也是丰富多彩、趣味盎然的。有关她们在圆明园的生活情况可从《雍亲王题书堂深居图屏》和《雍正十二月令行乐图》两套宫廷画中略窥一斑。《雍亲王题书堂深居图屏》是为圆明园定做的,原贴于圆明园"深柳读书堂"围屏上,雍正十年(1732),传旨将其从屏风上拆下来。图中描绘的园林景致表现的正是当时圆明园的实景。画幅中有胤禛的"破尘居士"及"圆明主人"等印章。此套图屏使用工笔重彩,表现出宫廷绘画雍容华贵的审美情趣和仕女画工整妍丽的艺术特色,生动地刻画了宫苑女子品茶、赏蝶、阅读等闲适生活情景。十二幅画共十二个生活场景,即"观书沉吟"描绘了女子持半展书页,正沉吟其中的瞬间;"倚门观竹"描绘庭院中花草竹石满目,女子正倚门

倚门观竹(雍亲王题书堂深居图屏)　　消夏赏蝶(雍亲王题书堂深居图屏)　　桐荫品茶(雍亲王题书堂深居图屏)

观望满园春色;"烛下缝衣"描绘了红烛摇曳下,女子行针走线的状态;"博古幽思"描绘了女子博古雅玩的生活情趣;"持表对菊"描绘女子手持精美的珐琅表坐于书案旁,桌上瓶中插有菊花的场景;"裘装对镜"描绘了女子身着裘装,一手搭于暖炉御寒,一手持铜镜专注对镜自赏的神态;"立持如意"描绘了女子手持如意,立于庭院内赏花的片段;"消夏赏蝶"描绘了户外湖石玲珑,彩蝶起舞,女子手持葫芦倚案静思的场景;"桐荫品茶"描绘了女子手持薄纱纨扇,坐于梧桐树下静心品茗的状态;"倚榻观雀"描绘女子斜倚榻上,把玩着合璧连环,室外喜鹊鸣叫喳喳,女子目视喜鹊,不觉入神的场景;"捻珠观猫"描绘女子在圆窗前端坐,轻倚桌案,一边闲雅地捻着念珠,一边赏猫的情景;"烘炉观雪"描绘女子临窗而坐,轻掀帐帷,观雪赏梅的场景。《雍正十二月令行乐图》反映的"正月观灯""二月踏青""三月赏桃""四月

正月观灯(雍正十二月令行乐图) 　　五月竞舟(雍正十二月令行乐图) 　　七月乞巧(雍正十二月令行乐图)

八月赏月（雍正十二月　腊月赏雪（雍正十二月
令行乐图）　　　　　令行乐图）

流觞""五月竞舟""六月纳凉""七月乞巧""八月赏月""九月赏菊""十月画像""十一月参禅"和"腊月赏雪"等园居生活内容，同样也是后妃们宫廷生活的一部分。其余如山高水长观看元宵火戏，同乐园听戏，福海泛舟和冰床游戏，甚至拜佛祈福，逛买卖街，西洋楼看水法等娱乐项目，后妃们也经常陪同清帝或单独参与其中。

　　乾隆容妃和咸丰懿贵妃分别是两位清帝的宠妃，她们都与圆明园有着密不可分的关系。容妃是新疆回部人，信奉伊斯兰教，也就是传说中香妃的原型。乾隆出于笼络少数民族的政治目的，在生活习惯、宗教信仰方面给予容妃无微不至的关怀和照顾，如准许容妃常穿回服，并常赏赐给她羊肚片、酒炖羊肉等民族食品。

西洋楼的远瀛观高台大殿，曾经是容妃的寝宫。三间两层的精致小楼方外观，是御园内罕见的阿拉伯式建筑，为容妃做礼拜之处。为排解容妃对故乡的思念之情，乾隆命令在谐奇趣音乐喷泉演奏维吾尔族和西域风情的音乐，在西洋楼方河东岸的线法墙利用透视学原理，展示新疆阿克苏地区的街景，以供容妃欣赏和玩味。

方外观（铜版画）

慈禧曾以懿嫔的身份在天地一家春居住过，并在这里受到咸丰的宠爱，发迹后，她对天地一家春念念不忘。同治朝重修圆明园时，慈禧就将绮春园部分宫殿改名"天地一家春"作为自己的寝宫，而且在她垂帘听政后铸造的陈设上几乎都铸有"天地一家春"字样。如颐和园仁寿殿前陈设的铜龙、铜凤的铜座上，乐寿堂、排云殿等院落内消防储水用的金缸上，也刻有"天地一家春"的印记，以示对"发迹之地"的怀念。"大雅斋"系列瓷器是清末官窑瓷器，底款上有"大雅斋"字样，其右边一般还盖有"天地一家春"印。大雅斋是斋名,在紫禁城和圆明园天地一家春都有一处。有一种说法是大雅斋瓷器最初是为重建圆明园而专门定烧的,后因重建工程中止而停烧,已烧成的改由大内使用。慈禧对圆明园生活充满美好回忆,圆明园罹劫后,她还经常故地重游。如光绪二十二年(1896)二月至九月,慈禧曾多次游览圆明园紫碧山房、廓然大公、濂溪乐处,长春园海岳开襟、含经堂,西洋楼黄花阵,绮春园新宫门、蔚藻堂等处。同治朝两次试图重修圆明园,慈禧都是主要支持者或幕后推手。光绪二十二年(1896)至二十四年(1898),慈禧试图"择要量加粘补修理"圆明园殿宇,慎修思永殿是修葺重点。光绪二十四年(1898)七月二十六日,慈禧临幸圆明园,样式房呈览慎修思永殿内檐装修图,并奉懿旨"明间不要碧纱橱,拟妥鸡腿罩、飞罩、天然罩,不要八方罩、瓶式罩"。甚至在发动"戊戌政变"幽禁光绪的关键时期,慈禧仍安排总管太监李莲英催要慎修思永殿的装修图。

慈禧太后

皇子教育

清帝吸取了前朝的历史教训，非常重视皇子教育。为培养文能安邦治国，武能驰骋疆场的接班人，他们制定了近乎残酷的皇子教育制度。因此，清朝多数皇子精通经史、策论、诗词歌赋及书画等，并善于骑射。乾嘉时期的著名汉学家赵翼曾在军机处值夜班，经常看到皇子们披星戴月、秉烛勤读的一幕，他感慨道："我朝谕教之法，岂惟历代所无，即三代以上，亦所不及！"

清代皇子读书入学年龄早、学习时间长、规矩严、课程多。皇子们从六岁（虚岁）起开始读书，由皇帝亲定学识渊博的翰林、大学士担任师傅，学习"四书五经"、《史记》、汉书诗赋、满蒙汉三种文字及弓箭骑射等内容，每天学习从不间断。幼年即位的皇帝更是要受到精心栽培和严格训练。清朝规定，皇子读书的时间为"卯入申出"，也就是早晨5点至下午3点，共计10小时。皇帝选定良辰吉日为皇子开学，由于皇子地位尊贵，皇子和师傅互相行礼时，双方用长揖代替跪拜。上书房的规矩极严，皇子读书要正襟危坐；夏天不许摇扇子；午饭时候，侍卫送上饭来，老师先吃，皇子们在另一旁吃，吃完不休息，继续功课。上书房只有元旦、端午、中秋、万寿节、自寿（自己的生日）这几天放假，一共5天，甚至除夕仅准提前散学，也不放假。

盛时圆明园，皇子和公主都随园居住，包括婴儿也要在园子里"育喜"。康熙以前的规制，一旦皇子成婚，就要分府居住，封爵以后还要另赐花园。雍正以后，圆明园规模日渐扩大，皇子年龄稍大时便在园内赐给居所。雍正初年，为便于皇子读书，就在宫中设立尚书房，道光以后统称上书房。上书房坐落在今故宫乾清门的左侧，圆明园上书房在洞天深处，即紧邻勤政亲贤皇帝办公处，上书房之所以设在这里是为了"近在禁御，以便上稽察也"。雍正时期，弘历先后被赐居于桃花坞和莲花馆。乾隆时期，十五阿哥永琰被赐居于后湖东岸的五福堂，道光即位前被赐居于园内的养正书屋，咸丰即位前被赐居在同道堂。这些地方距离园内上书房都比较近，便于往来。同时，洞天深处内部的四座方形院落，可供皇子们临时居住之用。乾隆御制《洞天深处》诗序曰："缘溪而东，径曲折如蚁盘。短椽狭室，于奥为宜。杂植卉木，纷红骇绿，幽岩石厂，别有天地非人间。少南即前垂天贶，皇考御题，予兄弟旧时读书舍也。"

严厉教育制度下培养出的清帝，都具有比较高的文化修养，对传统文化都有相当精湛的了解。乾隆天生聪睿而又刻苦用功，为清朝皇帝中的佼佼者。他做皇子时，过着严格的读书生活，每天顶着纱灯进书房，"既入书房，作诗文，每日皆有课程，未刻毕，则又有满洲师傅教国书、习国语及骑射等事，薄暮始休"。乾隆曾称："朕自幼生长宫中，讲诵二十年，未尝少辍，实一书生也。""散学后习步射，在圆明园五日一习马射，寒暑无间，虽婚娶封爵后，读书不辍。"[①] 十余年的学文习武，为乾隆为政治国奠定了坚实的基础，也为圆明园的绝世辉煌和清帝国的康乾盛世培养了雄才大

---

① 福格：《听雨丛谈》，中华书局1984年版，卷11，第218～219页。

略的领航者。

情景相融

圆明园功能完善,能够满足皇家生活一应所需,是皇帝温馨的家园。太后、后妃、阿哥、格格们居住于此,优游其中,皇家生活不乏其乐融融的场景。乾隆是居园时间最久的一位皇帝,他与母亲孝圣皇太后的母子情、与孝贤皇后的夫妻情都充分体现了皇家生活温馨、和谐的一面。

"百行孝为先",乾隆标榜"以孝治天下",刚即位即尊其母为崇庆皇太后,此后凡遇大庆典,必加上徽号。彼时,太后主要居住在与圆明园近在咫尺的畅春园,凡乾隆驻跸圆明园时,每日给太后请安是必修课。他还不时将太后接至圆明园长春仙馆小住几日。乾隆经常陪太后一起泛舟赏景,湖边赏荷。如多稼如云,有大片荷池,并有一座莲花四方亭,是盛夏赏荷的最佳处所,乾隆多次侍奉太后在此进膳、观荷。乾隆十七年(1752)六月四日,乾隆奉太后来此赏荷时,即兴赋诗一首,并挥笔写于一柄纸扇上献给太后。凡圆明园菜圃中有时鲜菜蔬,他会安排及

乾隆皇帝

时送给太后享用，出猎时猎获野味，也送给太后品尝。太后笃信佛教，圆明园内宗教建筑为数不少，儒释道信仰体现于其中，佛教主题更是满足了太后信仰的需求。除了游赏圆明美景，乾隆还经常陪母亲流连于香山、玉泉山，并以为太后祝寿的名义新建了万寿山清漪园，里面的大报恩延寿寺祝寿主题鲜明突出，深得太后欢心。太后六十、七十、八十圣寿，乾隆进九九寿礼，凡亲制诗文书画、如意佛像、金玉古玩，以至西洋奇珍，无不具备。不仅寿礼丰盛，庆典隆重，乾隆还身着彩衣，手捧酒觞，亲自跳"喜隆庆"舞庆贺。每有巡幸也多奉太后同行，太后一生随乾隆南巡三次、东巡三次、幸五台山三次。此外，谒东、西陵和木兰秋狝更是每年必至。乾隆四十二年（1777），太后以80多岁的高龄病逝于长春仙馆，乾隆十分悲痛，后每至此处，无不感怀于心，经常作诗怀念。为表达哀思，乾隆修建颇具规模的泰东陵安葬太后，还命将所收集的太后头发专贮于特制的金佛塔内，以示纪念，可见母子情深。

乾隆（弘历）在皇子时期，已有数个妻妾，但与嫡福晋富察氏情投意合，感情最为融洽。富察氏人品、性情、相貌均无可挑剔，十六岁与弘历成婚时，弘历已被雍正密定为皇太子，雍正选她作为弘历的嫡福晋，可见是把她作为未来的皇后来考虑的。婚后，弘历和富察氏相敬如宾，恩爱异常。乾隆即位后，富察氏随之成为皇后，她贤良淑德，深孚众望，是乾隆的贤内助。乾隆是个孝子，皇后也生性纯孝，皇帝日理万机，问安视膳难免有不周之处，皇后却总能代皇帝尽到孝养之心，使乾隆可以安心国政。

每逢佳时令节，乾隆夫妻便把太后接到长春仙馆，这本是雍正赐给弘历夫妇园居时的住处，可谓是皇子弘历在圆明园大家庭中的小"家"，弘历曾有号曰"长春居士"，后来他开辟建设三园中的长春园，也是由钟情于长春仙馆而来。乾隆朝，这里仍为皇后在圆明园的宴息之所，直至她去世。每当太后来时，婆媳俩和和美美，胜似一对亲母女。太后好动，喜欢热闹，皇后总是想方设法让她高兴。有这样一个既孝且贤的妻子，乾隆深感家庭生活的美满。乾隆十三年（1748），富察氏去世，谥号为孝贤皇后。乾隆对爱妻的离世极为悲痛，此后的数十年间，他写给富察氏的悼念诗有上百首，是他所写数以万计的诗篇中最见真情的佳作。自从结发贤妻病逝后，就再没有一个后妃能像孝贤皇后那样去平抚皇帝孤寂、焦躁不安的灵魂。后妃们对乾隆有的是敬、怕和奉承，但缺少的是深深的理解和体贴。此后的那拉氏虽继为皇后，但乾隆对她的感情是很复杂的，那拉氏后来也遭到冷遇。后期的容妃甚得乾隆关爱，容妃即传说中的香妃，为维吾尔族，乾隆十分尊重她的民族习惯，专门在西洋楼设立了方外观，作为其礼拜之处，还布置了音乐喷泉，可为容妃演奏新疆阿克苏地

孝贤皇后

区的民族音乐，并在线法墙设置反映容妃故乡风情的虚拟街景。但是语言的隔膜、经历的区别，以及政治婚姻的敏感都注定了乾隆与她的感情，决不能同乾隆与孝贤皇后那样伉俪情深，两份感情自然也不可同日而语。

国之中枢

圆明园不是一般意义上的御苑，而是兼有"苑囿"和"宫廷"双重功能的大型皇家宫苑，在清代有着举足轻重的政治地位。在长达近140年的时间里，它实际上成为与紫禁城一南一北，互为表里的两个政治中心。五代皇帝长年在此居住生活并处理朝政，即所谓"以恒莅政"，或称之为"凡莅官治事，一如内朝"，圆明园是清帝"避喧听政""宁神受福"的理想场所。

雍正三年（1725）八月二十七日，雍正正式以皇帝身份驻跸圆明园，谕内阁、部院各官：应办之事照常办理，尔等应奏者，不可迟误。他告诫群臣，来此并非玩乐，只是想给繁重的政务提供一个好的工作场所，并发布上谕曰："朕因郊外水土气味较城内稍清，故驻跸于此，而每日办理政事与宫中无异，未尝一刻肯自暇逸。""倘廷臣不知仰体朕心，将陈奏事件有意减省，是不欲朕驻跸圆明园矣！"雍正还规定了圆明园的轮奏制度，每天都保证有一旗、一部奏事，其他不当值奏事的衙门即便无事可奏，也要安排官员到大宫门内外各自朝房值班,以备皇帝临时召见和交代事情。如果各部院和其他机构遇有紧要事件,可以随时向皇帝报告,不必遵守已经排定的班次。朝臣们逐渐习惯了在圆明园处理政务,雍正待在圆明园的时间也越来越多,返回紫禁城的次数日渐稀少。雍正又将圆明园附近的宅第赐给重臣,以便他们就近办公。乾隆朝,京西三山五园已全面建成,皇帝的游赏空间更为开阔,各种功能设施尤其是政务设施也更为完备。乾隆说:"畅春以奉东朝,圆明以恒莅政,清漪、静明,一水可通,以为敕几清暇散志澄怀之所,园虽成,过辰而往,逮午而返,未尝度宵。"在他看来,三山五园互为依托,功能互补,可谓是皇家专属生态办公区。此域内不仅圆明园有正大光明,且畅春园的九经三事殿、万寿山清漪园的勤政殿、玉泉山静明园的廓然大公殿、香山静宜园的勤政殿、长春园的澹怀堂、绮春园的勤政殿等均是皇帝在各园临朝理政的正殿。因此在谈到静宜园时,乾隆道:"殿曰勤政,朝夕是临,与群臣咨政要而筹民瘼,如圆明园也。有憩息之乐,省往来之劳,以恤下人也。"综合来看,三山五园当之无愧是与紫禁城等量齐观的政治中心,圆明园更是重中之重。

政务设施

朝仪大典

正大光明殿是御园举行朝会、节日庆贺、赐宴亲藩、宴请廷臣等典礼的正殿,其功能类似紫禁城的太和殿与保和殿。正大光明有关的重要仪式性活动包括以下几类：

（1）万寿节是清帝国每年的三大节（万寿、元旦、冬至）之一，皇帝寿诞恰逢驻园时，一般要在正大光明殿接受皇子皇孙、宗室王公、文武大臣、外藩王公及外国使臣行庆贺礼，并于此殿宴赏。嘉庆二年（1797）嘉庆万寿节，乾隆同嘉庆御正大光明殿，皇帝率皇子及王公大臣等于太上皇前行礼。礼成后，太上皇同皇帝至同乐园赐王公大臣宴。

（2）"传胪"大典，即钦定状元，宣布新进士甲第之典。殿试是国家最重要的科举考试，乾隆四十六年（1781）、五十五年（1790）的殿试均在圆明园举行。咸丰十年（1860）钦定金榜的传胪大典在正大光明殿举行，四月二十四日，咸丰在勤政殿召见殿试阅卷大臣，钦定新进士甲第。二十七日，由读卷大臣带领引见。二十八日，在正大光明殿行传胪礼，颁金榜，一切礼仪均照太和殿。

（3）举行御考，包括"大考"翰詹、"散馆"考试、"复试"乡试取中的举人，以及考试京堂各官等。考试时，由承办衙门的堂官在大宫门外阶上唱名，在出入贤良门桥南发试卷，应考者领卷后依次而入，不得前后参差。并有前锋统领、护军统领及圆明园管园大臣在宫门稽查，正大光明殿阶下、出入贤良门阶下还各派20名侍卫守护、管束。

（4）赐宴凯旋将士。道光朝西北回疆平叛大功告成之时，道光即在该殿赐宴凯旋将士，并作七律一首，诗曰："策勋钦至率前章，凯宴秋中御苑张……边域安全诸将力，用褒忠勇永流芳。"

（5）接见外藩来使和外国使臣。清帝曾多次在正大光明接见

赐宴凯旋将士图（清人绘）

过外藩来使和外国使臣。如乾隆曾在此接见过英国马戛尔尼使团，并观览英国国王所赠寿礼。其间，大学士和珅安排使团参观了圆明园，随行绘图员还将包括正大光明在内，他们所亲历的景观描绘下来。

（6）公主下嫁成婚定礼时，清帝在此赐宴皇子、王公大臣、额驸及近族王公。和孝公主是乾隆最宠爱的女儿，当和孝公主下嫁和珅之子丰绅殷德，举行初定礼时，乾隆即在正大光明殿宴赏皇子、王公大臣和额驸等。

（7）乾隆朝《起居注册》十三年正月十六日记载："上奉皇太后御正大光明殿，赐蒙古王妃公主命妇等宴。"嘉庆、道光时期，皇太后万寿节则在绮春园正殿迎晖殿接受群臣朝贺。这说明圆明园的外朝大殿不像紫禁城三大殿那样，严格限定只有皇帝才能驻跸，太后亦可御正大光明等三园正殿陞座。

（8）正大光明殿亦是皇帝驾崩后停灵之处。道光三十年（1850）正月，道光逝于园内寝宫，奉移梓宫于本殿行朝奠礼。与此相似，长春园正殿澹怀堂与绮春园正殿迎晖殿也曾作太后、太妃、皇后去世后停灵祭奠之用。如，道光十三年（1833）四月、二十年（1840）正月，孝慎皇后、孝全皇后先后病逝于圆明园，梓宫皆移至澹怀堂祭奠十数日。

皇帝办公

勤政亲贤是皇帝御门听政和日常办公的场所，兼有大内乾清宫与养心殿的功能。"列圣筵宴外藩及内廷大臣均于此。皇帝驻跸则听政焉。遇驻跸圆明园，凡召对群臣，引见庶僚，均于勤政亲贤"。勤政殿是勤政亲贤的核心建筑，为皇帝在园内处理政务、召见官员的地方，该殿东有套间，称为东书房，夏日召见在殿中，春秋则在书房。芳碧丛因青竹茂密而得名，为南向四面围廊的五间敞厅，厅前宽敞的院子里堆叠着精致的假山湖石，种植着碧绿的翠竹，绿荫掩映，凉爽宜人。每到夏季，清帝即由勤政殿迁到这里，在一片清凉碧芳的竹丛中议事、传膳。正如道光《芳碧丛》诗句曰："虚榭宽

勤政亲贤（圆明园四十景图）

闲夏景凉，敕几听政晓批章。"保合太和位于芳碧丛之后，为一座面阔九间、前接三间抱厦的大殿，该殿为清帝重要寝宫之一，功能亦类似于养心殿，尤其面阔九间的规制与养心殿颇为相像，清帝也常在此起居办公。洞明堂是每年秋审时，皇帝审核勾决人犯的"勾到"之处，功能类似于大内懋勤殿。而九州清晏作为清帝最主要的寝宫，包括九州清晏殿，前期的乐安和大殿，后期的慎德堂等，其功能不仅用来休憩，同时也是清帝的书房和办公之处，相对更为私密。此外，圆明园的山高水长引见楼、同乐园殿，长春园的含经堂、澹怀堂，绮春园的迎晖殿等处，也兼有一定的办公和理政功能。

部院衙门

清帝驻园期间，君臣处理政务的地方，主要集中在大宫门内外的前朝区，其中，部院衙门的值班和办公地点主要是大宫门和出入贤良门附近的东西朝房。

大宫门前设东西朝房各5间，外侧为东西转角朝房各34间。东为宗人府、内阁、吏部、礼部、兵部、都察院、理藩院、翰林院、詹事府、国子监、銮仪卫，及东四旗（镶黄、正白、镶白、正蓝旗）各衙门值房；东如意门外为南书房院和堂档房院。西为户部、刑部、工部、钦天监、内务府、光禄寺、通政司、大理寺、鸿胪寺、太常寺、太仆寺、御书处、上驷院、武备院，及西四旗（正黄、正红、镶红、镶蓝旗）各衙门值房。大宫门内亦有东西朝房及转角朝房，东南为清茶房，为军机处。出入贤良门左右有顺山值房各5间，为部院臣工入值候旨之所。东西设两罩门，东罩门为各衙门凌晨呈递奏折之处，俗称奏事门。

军机重地

军机处始设于雍正朝，是协助皇帝处理军国大事的重要机构，也是清代影响最广的政治中枢机构，"军国大计，罔不总揽……威名所寄，不于内阁而于军机处，盖隐然执政之府矣"。"军机大臣掌书谕旨，综军国之要以赞上治机务。常日直禁庭以待召见"，由皇帝钦点几名亲贵重臣充任，可说是由御用秘书人员组成。军机大臣除撰述谕旨，还要办理皇帝交付的其他政务，被视为真宰相。军机大臣以下一般拣选若干名僚属，称为军机章京。军机册档共有两份，"一存方略馆（紫禁城），一存圆明园"。为便于上通下达，协助皇帝处理好军国大事，圆明园设有军机堂、军机处值房。"圆明园左如意门内，御河之南，为军机堂。堂之右，为满章京值房，其前为汉章京值房。"[1]清帝在园时，军机大臣每日都要照常入值，听候随时召见。军机大臣每日寅时入值于军机堂，满汉军机章京则入值于堂右和堂前的值房。嘉庆时的军机章京梁章钜根据亲身体验在《枢垣记略》中记述道："辰刻军机大臣始入见，或不待辰刻而先召见，每日一次或数次。军机大臣至上前，豫敷席于地赐坐，承旨毕乃出，授军机章京书之。述旨毕，内奏事太监传旨令散，遂以次退直。"皇帝若就近游幸万寿山时，军机大臣亦须随往入值；若去玉泉山或去黑龙潭祈雨包括去大觉寺时，则视需要随往或不随往。军机章京，每二人一班在圆明园轮

---

[1] （清）吴振棫：《养吉斋丛录》，中华书局2005年12月版，第53页。

值，4天一换班，称作"园班"。入值该园班者，须有一人早到园内值房，称为"早门"；一人散班最晚，以宫门上锁为度，谓之"守晚"。为就近入值，就在园外为军机章京特设了两处外直庐（居住处）。圆明园满汉章京外直庐，一在挂甲屯（七峰别墅），一在冰窖。七峰别墅建在挂甲屯村北部西端，隔石板御道、扇面湖与大宫门相望，距御园的军机处值房仅一箭之遥。"凡军机大臣及章京每日晨直饭食，皆由膳房承应，其满汉章京散直后在城中则退食于方略馆，在圆明园则退食于外直庐。"①

翰林花园

澄怀园位于圆明园福园门南，绮春园西墙外，最早是康熙赐给大学士索额图的花园，雍正时赐予大学士张廷玉等人居住，为高级知识分子聚首之处，俗称翰林花园。从雍正朝一直到咸丰朝，澄怀园一直是南书房和上书房翰林的直庐，这是清廷对汉族官员的极高礼遇。咸丰曾有诗云："墙西柳密花繁处,雅集应知有翰林。"澄怀园曾经居住过几十位清代顶尖的大学者兼朝廷高官，他们曾对清代政坛发生过重要的影响，在这里也曾诞生了一批有价值的学术著作和诗书画艺术珍品。澄怀园是圆明园的附属花园，它的护卫和管理都由圆明园管园大臣统一负责。乾隆朝大学士汪由敦为《澄怀园八友图》作记曰："澄怀园在圆明园东南隅半里许，馆舍数十楹……桧柏榆柳，清阴袭人，称消暑胜地。宪宗皇帝恩赐内廷侍直（诸）臣，分寓其中，由敦以直南书房；来寓至庚午，

---

① （清）梁章钜、朱智：《枢垣记略》，中华书局1984年10月版，第147页。

赐居丽景轩，前后左右皆诸臣寓直处也。直上书房者八人，而寓焉者居其六。丙子仲夏有善画者常子至，乃即园中景绘八友图。"

治国理政

雍正三年（1725）八月，雍正首次以皇帝身份驻跸圆明园，自此该园正式成为清帝长年园居理政之御园，雍正声称，"朕在圆明园与宫中无异也，凡应办之事，照常办理"，从而首开驻跸圆明园处理政务的先例，此后延为常规。"每岁初春即驻跸于此，咨度机务引见百官，皆日以为常。"①嘉庆二十年（1815），嘉庆有御旨曰："我皇祖……勤求治理，整饬官联。自是以后，圆明园奏事文职衙门轮为九班，武职衙门轮为十班。我皇考纯皇帝遵行六十余年。朕嗣统二十年以来，以恪遵不懈，诚以我朝家法，勤政为先，驻跸御园，与宫内办事，无一日少闲。"在封建集权制度发展到顶峰的清王朝，最高统治者行踪所至，就是政治核心所在，由此就不难理解圆明园举足轻重的政治地位了。

御门听政

御门听政是皇帝集体召见群臣、处理政务的一种方式。最初是在大内乾清门举行，故名。因在清晨举行，又称早朝。圆明园御门听政多在勤政殿和正大光明殿。清代凡部院陈奏例行公事都用题本，凡是每天各衙门递进的本章，其中未经皇上批阅的，先

---

① 《皇朝统志》，卷三十三，都邑。

转送内阁，积累若干件，即于某日在御门办事。当皇帝就座时，鸣响鞭，大臣们行一跪三叩礼后，九卿六部大臣依次奏事或敬呈奏折，由皇帝做出有关决策。朝仪制度极严，众臣不得喧哗，否则将以失礼从严处理。御门听政一般每月举行六次，也只是例行公事，而决非朝廷重大事务的决策会议。皇帝要实现统治，拥有高层小范围的讨论和决策系统，这才是国家权力的核心所在。

日常办事

日常办事是指皇帝的私人办公安排。清帝相对都比较勤政，在圆明园时，一般每天清晨5点左右就起床，洗漱后即至勤政亲贤进早膳和处理政务，这期间也要接见相关官员，差不多忙碌到10点左右，每天下午皇帝一般在一两点时用晚膳，然后接着批阅各部和地方大员的奏章。其余就是消遣、娱乐和游玩的时间了。清帝几乎每天都要披阅臣工奏章，听取各部院衙门大臣的工作汇报，做出具体指令。遇有重要事宜，清帝随时安排军机大臣进内协助办理，征求处理建议，讨论研究后形成解决方案，并由军机大臣或军机章京草拟谕旨，经皇帝认可后，正式下发中央各部门及全国各地。

考选官员

为巩固统治，清帝注重通过各种考试来选拔官员，在圆明园就经常举行这类考试。雍正朝，一般于吏部朝房举行散馆[①]考试。至乾隆时，则在正大光明殿散馆。嘉庆二十二年（1817）的散

[①] 殿试后，新进士擅长文学及书法者，选用为庶吉士，入翰林院庶常馆，肄业3年期满再行考试，按等第分别授职。

馆考试即在正大光明殿进行。乾隆十七年（1752）六月十八日、二十八年（1763）五月十三日，乾隆在正大光明殿考试翰林院、詹事府诸臣。新进士向在乾清宫复试，嘉庆六年（1801）后，改于保和殿，道光二十四年（1844）后，皆在圆明园正大光明殿。道光二年（1822）规定，无论何项考试，在正大光明殿举行时，于大宫门外阶上唱名，门内桥以南散卷。其唱名散卷，令承办衙门堂官一人，按照议定处所在彼看视。预考人员，领卷后依次而入，不得前后参差。道光十五年（1835）六月十五日，令满洲蒙古文职二品以下，及五品、六品京堂各员，自本月十九日起，按所开列名单，轮日在圆明园考试满语，俱不准托故不考。闰六月初二日，令蒙古翻译进士、举人出身之六部、理藩院、太仆寺郎中、员外郎及御史等，于十三日在圆明园考试。咸丰二年（1852）五月十二日，咸丰在正大光明殿大考翰林院、詹事府各官。

据《曾国藩家书》可知，道光二十三年（1843）三月初十日大考翰林詹事，在圆明园正大光明殿考试。这时的曾国藩因久不作赋，字也生疏，所以感到惊恐。他诧异于向来大考，大约六年一次，而这次则仅有四年，所以同人等听到谕旨的时候，没有感到不惶恐的。曾国藩在圆明园与陈岱云同住。这次总共有翰林詹事127人，告病未入考场的3人，病好了仍要补考。在殿上搜查出夹带作弊者1人，交刑部治罪。其余都完成考试。十一日，道光亲自阅卷，并由阅卷大臣7人阅毕，拟定名次，进呈皇上钦定。分一等5名，二等55名，三等56名，四等7名，曾国藩取得二等第一名。十四日，引见，共升官者有11人，曾国藩由此升翰林院侍讲，这令他颇为踌躇满志。道光二十六年（1846）五月初二日，曾国藩赴圆明园，初六日在正大光明殿考试，这一次共有270人入场，其中湖南有12人。

召见官员

召见分为两种，一为"引见"，指的是中下级地方文武官员、进士举人上任、调动新职，都要由他的主管部门长官带领面见皇帝，聆听训示，然后赴任。引见之前都要用绿头木签缮写其姓名、年龄、籍贯和履历，奏明皇帝。一为"召见"，指的是地方高级官员如布政使、按察使履新，则应请求皇帝给予当面指示的机会，皇帝同意了，则进京面君。在圆明园召见官员的地点多在勤政殿、怀清芬、茹古涵今、引见楼和出入贤良门。在出入贤良门召见武官之后，通常要在出入贤良门外考校其射箭技术，称作校射。清帝召见官员有严格的制度，被召见官员不得无故违规。嘉庆二十一年（1816）规定，嗣后在内庭行走之诸王，遇有应奏事件，俱在乾清门外及出入贤良左门，交外奏事官员呈递，不准径交内奏事太监，其奏事太监亦不准接收。非遇召见及带领引见，皇帝在宫时，不准进乾清门，在圆明园不准进左门。其有无故进内，至内奏事处者，着御前大臣会同内务府大臣奏闻候旨。道光八年（1828）八月初三日，道光谕内阁曰："嗣后无论何处，凡豫备次起召对之人，及奏事处带领之总管首领太监等，俱著在廊下祇候，不准擅进明殿……著将此旨于宫内、圆明园、军机处、奏事处各录一通，永远遵循。"

咸丰九年（1859年2月8日），晚清官员郭嵩焘第一次来到圆明园觐见皇帝,接受赴天津协助蒙古亲王僧格林沁帮办海防的委任。八天之后,郭嵩焘再次来到圆明园。他于凌晨2点先向大宫门侍卫报道,然后于清晨6点返回大宫门。当天咸丰下达谕旨,令7人觐见,郭嵩焘排在第四位。早上9点钟,他被"叫起",由太监带领前往勤政殿东暖阁。咸丰告诉郭嵩焘到天津协防的目的。郭嵩焘指出,建造西式战船是加强海防的重要手段。咸丰以为此事冒进,财力不足以承担。君臣二人谈到国计民生问题,郭嵩焘希望能去除腐败之风,召集能干的文武官员到朝中做事。咸丰表示认可。随后二人闲聊,咸丰问及郭嵩焘是否留宿在圆明园里供翰林编修居住的宅院。郭嵩焘答道,这里已经没有空位,便住在朋友家里。

秋审勾到

清代规定,每年的秋审斩犯,均需奏请皇帝勾到,这要遵循一定的仪式。勾到当天黎明,在御案上放置黄册,皇帝就座后,大学士、军机大臣、刑部尚书、侍郎、内阁学士等官员都按班跪地,皇帝翻阅黄册,满族阁学一人跪于读本案前,逐个宣读人犯罪由,皇帝若说此犯"情有可原",就免于笔勾;若说"法无可贷",就由秉笔大学士,以朱笔勾其姓名,以示立即处决。雍正十一年(1733),雍正御圆明园洞明堂,阅秋审情实招册,并谕刑部曰:"诸臣所进招册,俱经细加斟酌,拟定情实。但此内有一线可生之机,尔等亦当陈奏。在前日定拟情实,自是执法,在此刻勾到商酌,又当原情,断不可因前奏难更,遂尔隐默也。"

万国来朝

经康雍乾三代倾心经营，到乾隆中期，清帝国已疆域广阔，四海升平。志得意满的乾隆以天朝上国自居，日渐沉湎于万国来朝的盛世表象中，彼时的圆明园成为宗藩联谊和对外交往的重要舞台，可谓是"万国来朝"的中心。一方面，周边藩属国朝鲜、越南、琉球等，再加上内外蒙古各部王公，所谓的"万国来朝"也颇为壮观，对于传统的中华宗藩体制而言，清帝国确实巩固了这种万国来朝的幻觉。另一方面，以英国为代表的西方国家已开始跃跃欲试，意在开辟对华商贸和平等交往之路，英国先后派出了规模庞大的马戛尔尼使团和阿美士德使团，这与历来的藩属国使节是有本质区别的，尽管清帝仍傲慢地以朝拜者视之。从现代国际关系的角度来说，西方使团的使命毋宁是前来打破清帝国矢志维持的宗藩体制的，在这种背景下，乾隆一味自我陶醉的万国来朝景象就显得虚无缥缈了。与紫禁城相比，圆明园对于藩属国和外国使节更具开放性。每年正月都要举行正大光明殿朝正外藩宴和山高水长武帐宴；正大光明亦为接见外国使节之处，马戛尔尼使团就曾在此觐见过乾隆；同乐园经常举行赐宴藩属国使臣和外国使节的联谊宴饮活动；山高水长的元宵烟火晚会，各国使节可以莅临观赏；西洋楼则可以安排外国来使欣赏水法景观，如乾隆十八年（1753），葡萄牙使臣巴哲格来京，乾隆赐观谐奇趣水法；每年端午前后的龙舟竞渡活动，外藩使臣和外国使节亦可莅临观赏；而与圆明园附属的、近在咫尺的宏雅园，曾专门用来接待安置远人，马戛尔尼使团和阿美士德使团均下榻于此。

满蒙一体

清军入关后，统治者吸取历代帝王处理民族问题的经验教训，注重团结当时北方最强大的蒙古族。蒙古族人口众多，部系繁杂，力量强大，住地辽阔。满蒙关系是维持统治的一个基础，正确处理与蒙古部族的关系是清朝政治的重要课题。为此，历代清帝都厉行满蒙一体的怀柔政策。从乾隆六年（1741）起，乾隆例于六七月之交自圆明园启程，先去避暑山庄稍事休息，八九月在木兰围场行围，并与蒙古王公贵族宴戏联欢，然后再回避暑山庄小憩，九十月返回圆明园。而圆明园在一定程度上起到"北京的避暑山庄和外八庙"的作用。这里的藏传佛教设施以及蒙古民族风格的蒙古包景观对于前来朝拜的蒙古族各部落具有重要意义。每年新正，山高水长必设武帐宴宴赏外藩王公和外国使臣，俗称大蒙古包宴，始自雍正朝，乾隆中期达至全盛。蒙古族各部落不仅参加此宴的人数最多，而且从不间断。山高水长和含经堂都设置有不同规格和体量的蒙古包，以供宴赏。乾隆三十四年（1769）正月，在山高水长搭盖7座蒙古包，居中最大者直径达23米余。乾隆御制《新正设武帐宴新旧外藩》诗注云："所设武帐，中央穹隆径七丈余，中设御座，旁列宴席。"山高水长武帐宴和正大光明朝正外藩宴，都在每年正月举行，较有规律，蒙古族各部落例必参加，而园内不定期的各种筵宴，他们也经常参加。在每年山高水长元宵烟火盛会中，蒙古族都要献演摔跤、骑马等项目。烟火盛会内容包括摔跤、马术、杂技、民乐、舞灯、烟火等多项表演，来京贺正的外藩王公和各国使臣被特许观礼，皇帝则频频赐食、赐茶果，所谓"庆节最宜三五夜，欢腾中外集西园"即指此。每年正月十五、十九日，即上元日和燕九日，凡在圆明园参加皇家宴赏的外藩王公和各国来使，都被特允在山高水长看完火戏后，随皇帝一起到同乐园观戏并参加宴会。清帝也经常特允一些外藩王公和外国使臣同观福海斗龙舟，这被视为殊荣。观赏西洋水法，亦是清帝礼遇外藩王公和外国使臣的惯常之举。在清帝的努力下，"满蒙一体"政策得到有效的贯彻执行，巩固扩大了统治基础。所以，当英法联军发动侵略战争时，前敌主帅为蒙古亲王僧格林沁，在具有战略意义的八里桥战役中，蒙古骑兵英勇拒敌，尽管以溃败告终，但也展现了抵御外来侵略的决心和勇气。

和睦朝鲜

朝鲜是与清朝保持最亲密关系的藩属国，在清帝们眼里，朝鲜虽然"列在外藩"，但"于藩封中臣服最久"，"竟与世臣无异"。乾隆时，每年正月上元节，朝鲜使臣进入圆明园参加节庆活动已形成一种定例。遇有特殊的庆典，以及在圆明园举办的其他重大活动也少不了朝鲜使者。圆明园被毁前，进入圆明园人数和次数最多的外国人就是朝鲜使臣。朝鲜使臣儒学文化水平较高，有的具有使用汉字赋诗成章的能力。乾隆喜好赋诗，每有朝鲜使臣入园，他都颁发命朝鲜使臣进诗的谕旨，而朝鲜使臣写的诗，很受他的夸赞。乾隆四十七年（1782）正月初十，朝鲜正使和副使奉旨入园，参加了正大光明殿的筵宴和山高水长的火戏，乾隆命使臣以上元设戏放灯为题赋诗，正副使臣各进一首，令他大为高兴，当场予以赏赐。乾隆对于朝鲜使臣特别重视，常给以最高规格的礼遇。乾隆《上元灯词》注曰："御园正大光明殿赐宴观灯，每令朝鲜使臣与宴，并敕赋诗进览，亦颇可观。"朝鲜使臣也能够在圆明园山高水长欣赏到维吾尔族的"达瓦孜"表演，在同乐园观看戏曲演出，在福海乘船游览。乾隆五十五年（1790）为乾隆八十大庆之年，朝鲜、琉球、安南、暹罗、廓尔喀遣使朝正庆祝，被赐宴于御园。"诸国正使，高宗皆手把以赐。午刻宣示御制诗章，俾使臣能诗者恭和。于是朝鲜、安南、琉球三国使臣皆得拜效颂祝，并得诗九章。"乾隆有诗记其事，云："武帐穹隆容百人，异数特宣首介近。分班各赐手卮亲，一家中外真和浃。"这一年朝鲜贺寿使节在圆明园活动22天，正副使入园11次，是进园最多的外国使臣，仅在同乐园观戏即有8次之多。"赐游福海"是朝鲜使臣在圆明园受到的极大优待，陪同者有军机大臣阿桂、福康安、福长安等乾隆朝重臣。此外，朝鲜使臣还游览了黄花阵欧式迷宫，瞻仰了西洋楼水法。这次朝鲜使臣得以幸运地，也比较系统地参观了圆明园。

中英接触

追溯中英关系史，马戛尔尼使团来华，无疑是极具影响的外交事件。英国国王以给皇帝祝寿为名向中国派出了马戛尔尼率领的庞大使团，于乾隆五十八年（1793年7月底）到达天津。使团人员多达近百人，对礼品的挑选也十分精心，包括天体运行仪、地球仪，先进的枪炮、利剑、望远镜、军舰模型等，这些几乎都是当时世界上最先进的产品。使团抵京时，乾隆已先期去承德避暑。使团礼物原拟尽送避暑山庄，后因英使提出礼物高大精密，需要一个月才能安装完毕。乾隆下令择其轻巧易于安装者送到承德，高大不易安装者则"就近送京，以省劳费"，并决定将留京之"八件贡品，于正大光明殿及长春园澹怀堂各分设四件"，以便让匠人在那里安装，待回御园后再行观览。最初有8件礼品安在正大光明殿东半部，后又在正大光明殿内陈设了另外几件礼品。马戛尔尼于8月21日下午到达圆明园，并被安排居住于附近的宏雅园。乾隆因英使是为自己祝寿，下旨予以优待，但仍将之视为"贡使"，要求英使行三跪九叩大礼。经过一系列交涉，乾隆于9月14日在避暑山庄接见了马戛尔尼，但至于是否行过三跪九叩之礼则因双方记载严重背离，不得确切而知。乾隆于9月30日回到北京，不久，在圆明园观看了英国礼物。在他眼中，这些仪器仅为"效法天地转运，测量日月星辰度数，在西洋为上等器物，要亦不过张大其词而已。现今内府所制作仪器，精巧高大者，尽有此类，其所称奇异之物，只觉视等平常耳"。10月3日，马戛尔尼提出了几项乾隆无法接受的要求，导致他极为不快，遂下令使团从速撤离，并任命钦差大臣专门护送使团起程离京。在给英国国王的"敕谕"中，他声称"天朝物产丰盈，无所不有，天朝不宝远物，不贵奇巧"，其夜郎自大的态度显而易见。由于一方是咄咄逼人的欲求，一方是天朝上国的傲慢，马戛尔尼使华注定是不会取得成功的。马戛尔尼使团虽未达到预期目的，但双方接触的氛围还比较温和，并为以后的进一步沟通奠定了一定基础。马戛尔尼为圆明园的辉煌所震惊，但他也意味深长地指出："大清国好比是一艘破烂不堪的头等战舰，它之所以在过去150年中没有沉没，仅仅是由于它的体积和外表。但是，一旦一个没有才干的人在甲板上指挥，那就不会再有纪律和安全了。"马戛尔尼访

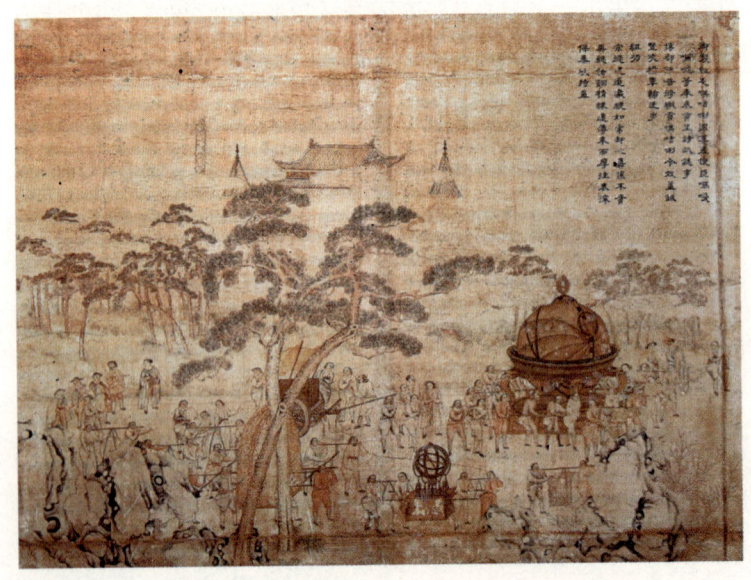

正大光明殿天文仪器图（清人绘）

华失败，并未使英国打消对华通商的念头。之后，英国又派遣了以阿美士德为首的共600余人的使团，带着曾由马戛尔尼提出的那些外交、商务要求，于嘉庆二十一年（1816）又再次到达中国。乾隆之子嘉庆和其父一样，把使团看成是向中国"进贡"的，觐见皇帝的礼节又成了争执的焦点，并最终导致这次使团访华成为完全失败的事件，徒增了双方的恶

天文仪器（马戛尔尼使团赠送）

感，两国关系也逐渐走向对抗取代沟通的道路，为后来的中英战争埋下了伏笔。

圆明浩劫

第一次鸦片战争后，清帝国内部矛盾空前激化。咸丰元年(1851)，金田起义爆发。咸丰三年(1853)，太平军攻克南京并定都，正式与清政府分庭抗礼。正当清政府在为镇压太平天国而疲于奔命之时，英法两国开始了趁火打劫。英法联军先后两次占领天津，逼迫清廷签订了《天津条约》。为扩大和落实侵略成果，他们又经八里桥之战击溃了清军主力，兵临北京城下，并占领了圆明园。

英法联军对圆明园进行了疯狂的掠夺和洗劫，致使无数中华珍宝流散异域。为迫使清政府和皇帝彻底屈服，尽快签订城下之盟，英国特使额尔金和英军司令格兰特，悍然下令火烧圆明园，一代名园被付之一炬，造成人类文明的一场浩劫、中华民族的一页痛史。英法联军对圆明园的野蛮洗劫和纵火焚毁是根本性的、毁灭性的破坏，也引发了"破窗效应"，作为蓄意破坏人类文明的罪犯，他们将被永远钉在历史的耻辱柱上。此后，圆明园又遭遇了几次破坏，昔日美轮美奂的万园之园逐渐沦为一片废墟。圆明园是清帝国盛衰的一个缩影，同时也是中华民族近代屈辱史的象征。圆明沧桑，铭记国殇，国耻勿忘，奋发图强。

兵临城下

咸丰六年（1856年10月23日），英国以"亚罗号"事件为借口，悍然进犯广州，拉开了第二次鸦片战争的序幕。太平军的牵制，使咸丰君臣不敢放手对付强敌入侵，清政府陷入日益被动的局面。英军曾一度攻入广州，但遭到了强烈抵抗，被迫撤退。咸丰七年（1857），英国政府进一步煽动战争狂热，分别照会法国、美国和沙俄，提议联合出兵，压迫清政府签订新的条约。法国与英国狼狈为奸，打着"为保护圣教而战"的旗号，迅即任命葛罗为全权大使，并派遣远征军赴华参战。

法国特使葛罗

咸丰七年（1857），英国全权特使额尔金和葛罗先后到达中国。在美国和沙俄的支持下，英法联军于12月底占领广州。广州沦陷后，英法俄美四国公使分别照会清政府，提出公使驻京、增加口岸、赔偿军费和开放内地游历等狂妄要求。清政府仅同意英法美三国公使到广州与新任两广总督谈判，沙俄公使与黑龙江将军商办。四国公使见无法达成预期目的，决计由英法以交战国身份，在京津一带直接给清政府施加军事压力。此时的清政府正集中兵力镇压太平军，对外采取妥协和拖延战略，战守不决。咸丰八年(1858年5月20日)，英法联军攻占大沽炮台，进逼天津。咸丰急忙派大学士桂良、吏部尚书花沙纳前往天津议和，并分别与四国签订了《天津条约》。条约规定外国公使进驻北京，开放10个通商口岸，对英法分别赔款四百万两、二百万两白银。咸丰对此大为发火，但为解燃眉之急，也只好无奈地抱着"权宜"心理，批准了条约。清政府与列强商定一年内交换条约批准书。《天津条约》签订后，英法联军南返，军事危机暂时解除，咸丰越来越觉得《天津条约》无法忍受。咸丰八年（1858年6月），咸丰命桂良、花沙纳前往上海与英法举行修约谈判，他试图以免收洋货入口税为条件，来解除原订《天津条约》。未果后，咸丰认为其他各节均可按原约执行，惟有"公使驻京"为害最巨，断难允行。即便如此，英法也不同意。这使咸丰更加气恼，决心寻机报复，并谕令僧格林沁修筑大沽炮台，摆开了不惜一战的阵势。咸丰九年（1859），英法美三国公使北上换约，咸丰指定从北塘登陆，由清政府派兵护送经天津去北京，公使进京不能乘轿摆队，觐见皇帝必须遵守中国礼仪。英法公使拒绝按照指定路线进京，并无理要求撤除大沽口防卫设施，双方争持不下，战端再起。6月17日，英舰队司令贺布率领英法美三国军舰到达大沽口外，并借口进京换约，于25日闯进白河，炮击大沽炮台。清军奋起还击，击毙美舰司令，贺布和法舰司令亦受伤，侵略军狼狈逃走。大沽之战的胜利，一方面使咸丰极为兴奋，认为列强黔驴技穷，对外策略转趋强硬;另一方面也企图对侵略者"乘机说理"，寻求妥协。

第二次鸦片战争简图

咸丰十年（1860），英法联军卷土重来。7月末，再次闯至天津大沽口外，决意报复大沽之败。清政府寄望于美国公使从中调解，并撤北塘防守，以便英法公使由北塘登陆，进京换约。然而，英法不予理会。由于武器的落后和战略的失误，清军节节败退。8月1日，英法联军未经战斗自北塘登陆。清政府照会英法，允其赴京换约，英法未予理睬。15日，咸丰谕令前敌主帅僧格林沁：

僧格林沁

"现在大沽两岸正在危急……惟天下根本，不在海口，实在京师。若稍有挫失，总须带兵退守津郡……万不可寄身命于炮台，切要！"21日，大沽北岸炮台失陷。次日，南岸炮台又被占领。僧格林沁经天津，退守通州。24日，天津失守。咸丰急派桂良赴津谈判，谋求和平解决。额尔金、葛罗提出除原定《天津条约》外，清政府还要接受赔款英法各八百万两白银、特使进京换约、增辟天津为通商口岸等要求，方可息兵，并声称："差有一条不允许即带兵北犯。"9月2日，桂良接受全部条件。但咸丰不同意"一概允准"，要桂良设法挽回部分条款。7日，英法借口桂良谈判权限不够，中断谈判，向通州进犯。8日，咸丰改派怡亲王载垣、兵部尚书穆荫前往通州议和。14日，额尔金派巴夏礼至通州谈判,载垣答应英法全部要求。16日,咸丰谕令载垣等人,英法所提各条款,"均予允准",但入京换约时,英法使臣所带从人每国不得超过四百人,待换约后,支付英法现银赔款于两月内在天津缴清。

17日,巴夏礼等人至通州,巴夏礼言辞桀骜,节外生枝,要求换约时特使亲自向皇帝呈递国书,双方就此争执不下。18日,载垣派恒祺往见额尔金,半途即见英法军队结队前进,恒祺当即折回,僧格林沁认为事已决裂,向载垣建议将巴夏礼羁留在通州,获得同意。僧格林沁随即将巴夏礼等39人缉拿,其中英人26名,法人13名。载垣声称:"巴夏礼善能用兵,各夷均听其指使,现已就擒,该夷兵心必乱,乘此剿办,谅可必操胜算。"其实,巴夏礼只是额尔金的中文翻译和谈判助手,并不能影响整个战局,后来的事实也证明,靠扣押巴夏礼来影响大局,无非是一厢情愿的幻想,反倒致使其后交涉更加被动。同日,英法联军进逼通州,僧格林沁退守通州以西的八里桥,扼守敌军赴京之路。19日,咸丰下诏与英法决战,但言辞中仍为议和留下后路。21日,英法联军对八里桥发起总攻,清军英勇还击,先重创侵略军而后溃败。"一些皇帝的禁卫军,身着引人注目的黑边黄袍在我们大炮的交叉火力下跑遍全桥,并且在枪林弹雨下挥舞着旗帜以鼓舞中国步兵的斗志。他们中没有一个人后退,全都以身殉职。""在整整一小时内,他们顶住了使他们惨遭伤亡的压倒火力。这些勇敢的,然而还不够灵活的战士,与其把战场易手,让给敌人,还是宁愿一步不退,勇敢坚持,全

八里桥激战图

体就地阵亡。"①八里桥战役"大挫清兵之锐气,让朝廷惊恐万状、惶惶不安,使其行动瘫痪,同时也削弱了民众原本就犹疑不决的力量","是砍倒那棵高傲雪松的最后一斧。清军士气低落、全线溃退,在逃遁中带走皇帝的最后希望,以致皇帝只得往北逃窜"。②英法联军长驱直入,京师大为震动。

正在圆明园的咸丰眼看大势已去,异常惊恐,改授恭亲王奕䜣为钦差大臣,负责与英法和解。22日清晨,咸丰带领后妃、皇子载淳及一批亲信大臣以"北狩热河"为名,仓皇逃奔承德避暑山庄。其实,早在侵略军由天津北犯之时,咸丰就曾在圆明园召

---

①中国史学会主编:《第二次鸦片战争》六,上海人民出版社1978年版,第293页。

②(法)布立赛:《1860:圆明园大劫难》,浙江古籍出版社2005年版,第160页。

见王公大臣，宣称将"暂幸木兰"，但遭到绝大多数官员反对。咸丰后来又将避难热河说成"亲征之举"，是"统带劲旅，坐镇京北，遥为控制"，文武百官亦纷纷质疑。据《翁同龢日记》记载，9月13日，醇郡王奕谨入圆明园痛哭流涕，请咸丰不要北逃，要求身先士卒，决一死战。惇亲王奕誴亦大力支持此建议，军机大臣文祥慷慨陈词，"至于碰头血出"。在强大的舆论压力下，咸丰不得已而让步。为了"息浮议，定民心"，暂时打消了逃奔之意，声称"作为天下臣民之主，在此时势艰难之际，岂能偷闲有幸"。八里桥战役失利后，面临兵临城下的危局，咸丰束手无策，只知逃命为上，哪怕自食其言，也无所顾惜。野史中称，但凡皇帝在御园乘舟时，岸上宫人必曼声呼"安乐渡"，递相呼唤，其声不绝，直至御舟到达岸边。咸丰出逃时，他的儿子也效法呼喊"安乐渡"。咸丰听后感慨万千地说："从今以后再也没有什么安乐了。"清人笔记记载了咸丰出逃的狼狈情景："銮舆不备，扈从无多……车马寥寥，宫眷后至，洶迫不及待也。是日，上仅咽鸡子二枚。次日上与诸宫眷食小米粥数碗，泣数行下。"① 咸丰北逃后，总管内务府大臣文丰、明善，遵旨照料圆明园。但圆明园不可避免地陷入严重的混乱中，入值官员"相顾失色"，执事人员惶惶如也。奉命办理和局的王公大臣"互相嗟叹，计无所出"。京城内外惊恐，城门紧闭，商贾外逃，土匪四起，人心惶惶。此后几天，奕訢和额尔金、葛罗围绕着先释放巴夏礼等人还是先停止战争状态，进

————————
①中国史学会主编：《第二次鸦片战争》二，上海人民出版社1978年版，第49页。

行了一连串的外交攻防，但未见成效。

29日，巴夏礼被解除监禁，并受到礼遇。30日，咸丰指示奕䜣从速议和。10月6日凌晨，侵略军发动进攻，惨败后的清军，如惊弓之鸟，纷纷溃退，北京东、北、西三面为敌控制。英军司令格兰特、法军司令蒙托邦合谋进犯圆明园。法军与一部分英军于午后三时左

法军司令蒙托邦

右，经海淀直扑圆明园，晚七时到达圆明园大宫门。此时，守园的八旗兵丁绝大部分已经溃败，几近"逃散一空"，圆明园技勇太监"八品首领"任亮不畏强敌，带领数十名太监与敌人战斗，任亮等人殉难。法军入踞圆明园，总管内务府大臣兼圆明园管园大臣文丰投福海自尽。自此，英法联军在海淀一带，大肆抢掠、破坏。

圆明浩劫

劫掠圆明园

从入园伊始，法军就在园内进行劫掠。7日，额尔金、格兰特至圆明园，立即与葛罗、蒙托邦在正大光明殿召开分赃会议。

决定英法各派委员3人，负责瓜分园内宝物，并选择名贵物品，献于英法君主；部分物件，将用作两国军队的奖品；其余可归虏获者据为私有。蒙托邦指示法国委员先取在"艺术及考古上最有价值之物品"，并以"法国极为罕见之物"由外交大臣"奉献给拿破仑三世而藏之法国博物馆"。格兰特"派英军竭力收集应属于英人之物件"。即日起，一场震惊世界的"文明人"大抢劫开始了。无数的金银珠宝，大批珍贵的图书字画及丝织物均被洗劫一空，成了英法联军的囊中之物。英军翻译官斯温霍写道："这个地方任凭人随意蹂躏践踏。出现的是一种恐怖的毁坏场面！不久前，这些整齐地摆设着古玩珍品的房屋中所呈现的那种寂静气氛，被完全搅乱。军官和士兵，英国人和法国人，以一种不体面的举止横冲直闯，每一个人都渴望抢到点值钱的东西。多数法国人都拿着巨大的棍棒为武器，遇到不能挪动的东西，就捣个粉碎。在一间屋子里，你可以看到好几个各种等级的军官和士兵钻到一个箱柜里，头碰头，手撞手，在搜寻和强夺里面的物品。另一间屋里，大群人正争先恐后地仔细检查一堆华美的龙袍。有的人在对着大镜子玩弄掷钱的游戏，另外的则对着枝形吊灯搞掷棒打靶来取乐。尊重身份的事情已经完全看不到，占优势的是彻头彻尾的混乱状态。"法军翻译官德里松对洗劫情形描述道："这个各种肤色、各种类型的人群，这堆扑向金山银山的各色人等，他们用世界上的各种语言欢呼着，他们疾步如飞，连敲带打，脚底被绊，摔倒在地，重新爬起，发誓咒骂，欢呼惊叫，各取所需。他们仿佛是一群蚂蚁，在路人的脚下惊慌失措地四散逃窜……有些士兵正把头埋在皇后的红漆箱子里,有些士兵正把半个身子藏在了成堆的绫罗绸缎中间,还有些士兵正把红宝石、蓝宝石、珍珠、大水晶装进口袋里、衬衫里、军帽里,正在往胸口里装大珍珠项链;有些士兵正往外走,怀里抱着摆钟和挂钟;有些工程兵带来了斧头,把家具劈开,取出镶嵌在上面的宝石。""在到达海淀的时候,法国军队只有一辆车子,是将军坐的,车子上放着将军的帐篷和行李箱。在军队出发的时候,我不知道他们从哪里找到了一大批车子,上面载满了东西,这个车队的通过就要持续好长的时间。至于英国人的行李队伍,长得让人难以置信。这支漂亮的队伍足足有八公里长。"可见,当英法联军暂时撤离圆明园时,连随带的成千辆车子和驮兽也都满载而归了。10月9日的《纽约时报》即有劫掠的现场报道:"最近这两天发生在那里的景象却是任何笔杆子都无法恰当描述的,不分青红皂白地抢掠被认可。贵宾接待厅、国宾客房和私人卧室、招待室、女人化妆室,以及其他庭园的每个房间都被洗劫一空。清国制或外国制的艺术品有的被带走,有的体制太大无法搬走就把它们砸毁掉。还有装饰用的墙格、屏风、玉饰、瓷器、钟表和家具,没有哪件东西能逃过劫难……如果当初大清国的皇帝陛下能把圆明园中的一切完美无缺地移交过来的话,那它将会卖出一个天价,可惜有3/4以上的东西被法国人毁坏或掠走了。"①《泰晤士报》记者也记载道:"在场的每一个军人,都掠夺很多。在进入皇帝的宫殿后,谁也不知该拿什么

---

① 郑曦原编:《帝国的回忆:〈纽约时报〉晚清观察记》,三联书店2001年版,第191~193页。

东西，为了金子而把银子丢了，为了镶有珠玉的时计和宝石又把金子丢了，无价的瓷器和珐琅瓶，因太大不能运走，竟被打碎……许多人掠回三四十磅纯金，另一些人则得到无价的珍宝和宝石。"①格兰特的翻译官记述说："每一个被许离开营房的人都到圆明园去，因为将军现在不反对劫掠。绿库被打开了，他们整批地冲进去，踏过成捆的珍贵的绿绸和绣花衣服。这些东西堆积如山，被成批地拿出去。""虽然劫掠者用车子运走，余下的还散布满地。当这些强盗扩大搜索时，继续不断地发现新房间，其中装满了古铜器、时钟、珐琅瓶，以及无数的翡翠珍宝，他们赶忙冲进去，因东西太多了，运输工具就显得少了。"法军少尉布瓦西厄说："当我到达的时候，人们已经拿走了最漂亮的物件——这些最稀有的物件装满了7辆巨大的车子，这些东西应该迅速送往法国建立一个中国博物馆。我们可以装满200辆车，如果我们有这么多车的话。"……"圆明园现在只是一个回忆，数天以前，它是一个可能比凡尔赛宫和卢浮宫加在一起还要富丽堂皇的皇宫。它足以供整个地球上的学者和艺术家们研究好几年……我们可能是第一个，并且无疑是最后一个看见所有这些奇迹的欧洲人……我们从这些被毁坏、搜索、掠夺的宫殿出来，内心充满了悲伤：毁坏来得那么快且那么突然代替了财宝和华丽，是多么令人伤心的事情！"额尔金在致家人的信中说："劫掠和蹂躏这个地方，已够坏了，但更坏得多的是破坏。"格兰特命令英兵把抢来的贵重物

---

① 《北京的和平》，《泰晤士报》，1861年1月14日。

件交出,进行公开拍卖,售款分给军官和士兵,并将从圆明园抢到的一对大珐琅瓶、一个黄金和碧玉做成的朝笏奉献给英国女王。

在洗劫圆明园的同时,侵略军还闯入清漪园、静明园、静宜园等园林,对各园陈设进行抢掠。英法联军退出后,圆明园一带异常混乱,土匪和附近的村民得以浑水摸鱼,捞取遗散物品。当时,官员鲍源深入值圆明园,他记述说:"夷人已退,乘车回园寓一顾,则寓中窗槅已去,什物皆空,书籍字帖抛散满地……至大宫门,则闲人出入无禁,附近村民携取珍玩文绮,纷纷出入不定,路旁书籍字画破碎抛弃者甚多。"[1]李慈铭《越缦堂日记》记载:"圆明园为夷人劫掠后,奸民乘之,攘夺余物,至挽车以运之。上方珍秘,散无孑遗。"奕䜣也在奏折中说:"夷兵退出,旋有匪徒乘势聚众抢掠,似此情形,令人切齿痛恨!"可见,英法大掠后,圆明园几乎处于无人守卫的状态,以至于大批土匪进园抢掠。清廷接管圆明园后,清军随即赴圆明园、三山一带严密防守,搜拿土匪,收缴被掠物品。

8日,因英法联军劫掠圆明园,奕䜣不愿再将巴夏礼等人轻易释放。城内的留京王大臣担心英法联军开炮攻城,遂将巴夏礼等8人送至英法军营。9日,英法联军撤出圆明园,屯聚德胜门、安定门之间。法军司令蒙托邦、英军司令格兰特照会奕䜣,强硬要求于13日带兵把守安定门。12日,奕䜣致函英法特使,虽对英法焚掠园庭表示不满,但却同意了英法联军占领安定门的无理

---

[1] 中国史学会主编:《第二次鸦片战争》六,上海人民出版社1978年版,第113页。

要求。13日,侵略者满布城墙,遍插旗帜,安放炮位,清廷将安定门、德胜门之官员兵丁尽行撤出,北京城实际上已经沦陷。法国人拉否例在总结清廷让出安定门的后果时说:"事实上,北京刚刚屈服。北京被占领了,从现在起中国皇帝的首都被置于英法联军将军的保护之下。"①17日,奕䜣收到额尔金、葛罗的照会。额尔金要求:20日十时应允赔偿三十万两"抚恤"金;22日交款,23日"续约"画押,交换《天津条约》批准书,否则夺取皇宫。葛罗声言:"本国兵丁临近京师,复至圆明园拿取物件,此系交仗之常例";限22日清偿"抚恤"赔款二十万两白银;归还康熙年各省所建之天主堂,暨奉教人之坟茔、房屋、庄田;23日画押换约,否则便将进兵猛攻,且遍及各省,限令20日午前答复。也就在这一天,北京留守王大臣面请俄国公使居中调停,俄使乘机在领土问题上大肆勒索。至此,战守均不足恃的奕䜣除了接受英法的全盘要求外,已经别无选择。

火烧圆明园

正当清政府屈膝退让,答应接受全部议和条件时,为了给清廷留下"赫然严厉"的印象,迫使清政府长期俯首帖耳,额尔金借口英法被俘人员在园内遭到监禁凌辱,决意焚毁圆明园。他诡称要求交出安定门时尚不知英法"侨民"遭屈辱虐待,因此"和

---

① (法)布立赛:《1860:圆明园大劫难》,浙江古籍出版社2005年版,第263页。

英国特使额尔金

议尚不能成立",叫嚣"圆明园者,英法侨民所受痛心疾首惨刑而死之地也。势必毁为平地,此条固无须恭王之承认,敝军统帅所已决定,亟将执行者也"。同时,额尔金还要求清廷须向受害人家属支付赔款三十万两白银,并以没收关税、阻碍漕粮和援助太平军相威胁。法方亦乘机勒索赔款二十万两,但对焚园持异议,葛罗认为"如此为之,则是自济于野蛮人矣",若对清政府"逼之已甚",奕䜣可能会不敢议和,而不得不进攻皇宫,最终导致清朝颠覆,致使太平军得利,反不符合英法利益。格兰特认为清政府非常重视圆明园,焚毁圆明园就能"留下不易泯灭、永久保存在人们脑海的痕迹",比单纯签订条约要效果显著。

其实,英军决定焚毁圆明园,是经过精心选择的。圆明园是清帝的一个统治中枢,其重要性不亚于紫禁城。在额尔金看来,圆明园乃是清帝最宠爱的宫殿,焚毁圆明园"足以使中国及皇帝产生极大的震动",是一个既可打击清政府,又不至于因焚毁皇宫而可能吓跑恭亲王等人,从而失去谈判对象的做法,因此是"最无瑕疵的"选择。焚毁圆明园是要对清廷进行最严厉的精神打击,并留下报复的痕迹,留下永久不可磨灭的印迹,使之更加驯服。

所谓的战俘被害,仅是借口,最终目的无非是为了迫使清廷就范,速定和约。因为,冬季即将来临,侵略者须尽快撤离北京,避免补给困难和在天气严寒的冬季作战。为此,他们要采取断然措施来逼迫清廷早定和约。经过深思熟虑,便采取了焚烧圆明园,威逼清政府,加速和约缔结进程的手段。法军医生吕西认为此举"是打击清朝官员,特别是宫廷思想精神的唯一办法……皇帝才是我们直接打击的对象,我们只让一个人难受。我们给后人留下我们复仇的永久回忆,留给那些可以确保我国未来安宁的大人物一种恐怖的感情。如果再过几天(大概是25日)我们能够签订和约,这在大部分上是多亏了这一强有力的行动,这一行动的打击力度要比让小人物受到最严厉的惩罚的力度还要大"。

英军司令格兰特

15日,英军嚣张地发布公告,宣称将"圆明园内宫廷殿宇立行拆毁"。18日,格兰特派米歇尔骑兵团在圆明园及周边地区四处点燃起罪恶的大火,圆明园顿时化成一片火海。

"有一两师军队,布散在乡间放火,焚烧四个皇家花园中的一切宫殿。从圆明园开始,其次转向西边的万寿山、静明园,最后到香山。"① 英军牧师麦卡吉记述道:"重重的烟雾,由树木中曲折地升腾起来。这些树木中掩映着一座年代古旧的靠近此园中心的宏大宫殿,屋顶上镶着黄色的瓦,日光之下光芒闪耀。粼粼的屋瓦,构成奇妙的形状,只有中国人的想象力,才能构思出来。顷刻工夫,几十处地方,都冒出一缕缕的浓烟迷雾……不久,这一缕缕的烟,聚成一团一团的烟,又集合为弥天乌黑的一大团。万万千千的火焰向外迸发出来,烟青云黑,云蔽天日,所有庙宇、宫殿、举国仰为神圣庄严之物和其中历代收藏,都付之一炬化为劫灰了。"英军翻译官斯温霍说:"火焰和冒着烟的火场随处皆是,使得走什么道路都困难。不幸的是,紧接的许多农舍也被波及,瞬刻化为灰烬……飘荡的火焰卷曲成奇怪的彩结和花环,并最后捻成一股环绕在大门上。从屋顶早已经覆没的大殿中直升天空的一股黑烟与嘶嘶嘘嘘、噼噼啪啪发声正燃烧的红色火焰,为这幅现实的图画提供了强烈的背景,好像为这场遍布周围的毁坏歌功颂德。"格兰特的翻译官形容道:"一根又黑又长的巨大烟柱直插蓝天,表明行动已经开始。随着时间的推移,烟柱不断扩展、变厚,越来越浓,给北京城罩上一层黑云,仿佛一场暴风雨即将来临。当我们接近圆明园时,大火发出骇人的劈剥和呼啸声。目光透过浓烟,给花草树木涂上了一层惨淡的色彩。暗红的火光映照在往来忙碌的士兵脸上,使他们活像魔鬼,正在为举世无双的珍宝的

---

① 舒牧、申伟、贺乃贤编:《圆明园资料集》,书目文献出版社1984年版,第158页。

毁灭而欢呼雀跃。"① 英军牧师麦卡吉还具体描述了最后放火的情况："当我们回来的时候……两队骑兵，绕行一周，将我们忽略过去的那些外在的建筑也都一齐架火燃烧……新焚毁的区域宽阔而遥远，现在所仅存的只有那座正大光明殿，以迄大宫门中间所有的建筑尚屹立存在，未付焚毁。因为里面住着军队，故迟迟有待。时已三点，我们必须整队开回北京，乃发布命令一并焚毁。刹那间，找到了燃烧的材料，有几个手脚伶俐的来复枪手立刻动手放火，遂将这座正大光明殿熊熊燃烧起来。庄严华贵之区，且曾为高贵朝观之殿，经此吞灭一切的火焰，都化为云烟了。屋顶在火焰中燃烧一些时候，不久即要倒塌。一百码处就可以感到那种炎热的气息。随后巨声一响，屋顶倒塌……这座算作世界上最宏伟美丽宫殿的圆明园，绝不留一点儿痕迹。"麦卡吉声称："当你目睹此种情况，一腔荡气回肠的情感，自不胜悲从中来，不能自已。从今往后，数千百年为人所爱慕的崇构杰制，不复能触到人类的眼帘了。这些建筑，都足以表彰往日的技术和风格，唯一无二，世上没有什么东西可和它们比拟。你们曾经看过一次，就永远不能重睹……它们消灭无形，人类不能重新建造。"法军翻译官德里松说："皇宫被毁，宝塔、博物馆、漂亮的图书馆都被毁，直到地基。那些珍贵的稿本文书，已不复存在，就如同过去在亚历山大城的行为一样，大风将黑灰吹拂到了初雪的表层。""夜色温柔，而圆明园里，屋顶接二连三地坍塌下来，压倒了燃烧中依然挺立

---

① （法）布立赛：《1860：圆明园大劫难》，浙江古籍出版社2005年版，第274页。

的墙壁,吐出大团大团的浓烟……圆明园立刻呈现出一派混乱和劫后的荒凉。"[1]"圆明园继续在燃烧。风吹着浓烟形成的黑云飘向北京城,给北京城蒙上了一层黑纱。"[2] 英军中校吴士礼记述道:"连续两个整天,浓烟形成的黑云一直飘浮在昔日繁华富丽之乡的上空。西北方向吹来的清风,将这浓密的黑云刮到我们的营地上空,继而推进到整个北京城。尽管都城与圆明园相距甚远,但浓烟带来大量炽热的余烬,一浪接一浪地涌来,落在大街小巷,无声地述说和揭露皇家宫苑所遭受的毁灭与惩罚。在这两天里,营地和圆明园之间,日光被天空的浓云所笼罩,仿佛一场持久的日食一般。周围的地区也是一片黑暗。"

大火数昼夜不熄,一代名园惨遭焚毁的同时,也烧了万寿山清漪园、玉泉山静明园、香山静宜园。当时奉命协助奕䜣办理和谈的鲍源深描述道:"夷人焚五园三山,圆明园内外胜景,悉成煨烬矣。"翁同龢在日记中也记载:"京城西北,黑烟弥天,竟日不绝。""万园之园"在火海中化为灰烬,额尔金却得意忘形地宣称:"这番景象很是光辉灿烂……此举将使中国和欧洲震惊,其效远非万里之外之人所能想象者。"格兰特无耻地宣称:"这是一幕幕壮观的场面,如同尼禄欣赏他亲自下令焚烧的罗马一般……我对于摧毁这样一座宏伟古建筑感到遗憾!我觉得这是一种野蛮

---

[1] 耿昇:《孟斗班与第二次鸦片战争》,《学术月刊》,2006年1月,第38卷1月号。

[2] (法)布立赛:《1860:圆明园大劫难》,浙江古籍出版社2005年版,第272页。

人的行为。但为了给中国人一种将来的教训,我认为这是必要的。"英国前首相巴麦尊对火烧圆明园的暴行亦拍手称快,并且对城内的皇宫没有同样被烧毁而感到遗憾。倒是蒙托邦承认:"我欣赏过其精美做工的所有漂亮的宝塔,现在都被付之一炬。这是与一个文明民族不相宜的报复行为,因为它破坏了在数世纪期间受到尊重的那些令人欣赏的建筑。"

明火执仗的强盗把野蛮行径看作了不起的业绩,而正直的人们则为之无比愤怒。咸丰十一年(1861),法国文学家雨果在致友人的信中写道:"一天,两个强盗走进了圆明园,一个抢劫,一个放火。可以说,胜利是偷盗者的胜利,两个胜利者一起彻底毁灭了圆明园……这两个胜利者一个装满了口袋,另一个装满了钱柜,然后勾肩搭背,眉开眼笑地回到欧洲。这就是两个强盗的故事。我们欧洲人自认为是文明人,而在我们眼里,中国人是野蛮人。可这就是文明人对野蛮人的所作所为。在历史面前,这两个强盗分别叫作英吉利和法兰西。"法国前总统德斯坦认为:"焚掠圆明园,对中国至为残酷,而英法两国殖民军则极其可耻。"法国学者布立赛明确指出:"1860年对华'远征',是殖民战争,更确切地说,是帝国主义征战,与19世纪帝国主义殖民掠夺完全一脉相承。"历史学家朱维铮说:"火烧圆明园是对文明的破坏,纵火者堪称文明恶棍。""英法联军的强盗行径,具有侵略性、掠夺性和破坏性,殖民帝国疯狂掠夺中国和破坏人类文化遗产的罪行需要进一步的口诛笔伐。"[1]英法侵略军头目口口声声狡辩清廷

---

[1] 朱维铮:《龚橙与火烧圆明园》,《文汇读书周报》,2002年8月30日。

扣押、虐待其被俘人员是"不顾国际公法"的"野蛮"之举，而他们火烧圆明园同样出于故意和刻意，包含着更多的"野蛮""残酷"和"不顾国际公法"。姑且不论英法联军一路的烧杀抢掠，单由火烧圆明园造成的"常嫔因惊溢逝"和"总管内务府大臣文丰投福海殉难"，也是极大的不人道。英军上尉邓恩在日记中直言："我们声称不打中国民众，只打他们的政府。口头上说得好听，实际上却另行一套。"需要指出的是，洗劫圆明园是英法联军的共同罪行，火烧圆明园也不例外。尽管法军未参加18日、19日大规模的纵火焚烧。但是在占领圆明园之初，也就是6日至8日，圆明园建筑即有数座被焚，大宫门外朝房及海淀附近的居民铺户亦被焚毁大半，圆明园福园门外的澄怀园也被焚烧。内务府大臣明善的奏折明确记载九州清晏、长春仙馆、上下天光、山高水长、同乐园、大东门均于6日被焚烧，正大光明殿等于18日、19日被焚烧，玉玲珑馆于24日被焚烧。英军翻译官斯温霍记述说："当法国人对圆明园内部毁坏工作完竣后，他们烧焚了皇帝的寝宫，退出庭院。"在这一系列的焚烧事件中，英军和法军都难辞其咎，都应受到严厉谴责。

额尔金等人如愿以偿，火烧圆明园确实达到了预期效果。已成惊弓之鸟的咸丰为保全大局，命令奕䜣从速与英法议和，尽快画押换约。19日，奕䜣照会额尔金、葛罗，同意接受一切要求。22日，清廷将现银五十万两赔款缴给英法联军。23日，额尔金、葛罗与恭亲王商定，英国定于24日赴礼部画押换约，法国定于25日赴礼部画押换约。

24日,在经历了英法联军占领安定门和火烧圆明园等一系列重大事件后,中英《北京条约》签订仪式在礼部大堂举行。英方代表为特使额尔金,中方代表为恭亲王奕䜣。中英《北京条约》签订,并互换中英《天津条约》。为郑重其事,额尔金要求传集在京文武大臣,同赴礼部。是日,奕䜣率大学士贾桢、周祖培,尚书赵光、陈孚恩等,候于礼部大堂,其各营禁兵皆止正阳门外。时人描述道:"日午,额尔金、巴夏礼等乘八人舆,入白安定门,盛陈兵卫,鼓吹前导,杂以西洋乐。王大臣等迎于门外,分东西两阶。入席,额尔金等见奕䜣用免冠礼,奕䜣拱手答之,分左右坐,通事传宾主于樽俎间。礼成,换约而去。"① "以礼部为公所,陈设华美。午刻恭邸至,巴夏礼先到,恭邸立而迎之。有顷,额尔金来,设鼓吹,乘八人绿舆,恭邸降阶迎,额免冠鞠躬。宾主坐……以和约彼此画押,即登舆去,邸送之如初。又:恭邸住法源寺,馈夷酋食物。"② 恭亲王在侵略炮火威逼之下割地赔款,而且,签署条约时,又是鼓乐喧天,又是馈赠食物,低三下四,令人慨叹。条约签订,并互换了文书,然而额尔金和奕䜣两人之间的冷淡关系却一点儿也没有打破。"额尔金勋爵签和约用的是笔,但却想使人感到战胜者利剑的全部分量……英国人这样做,当然不会不经考虑,不会全凭印象,不去考虑事情的意义和后果。在额尔金勋爵对待恭亲王的态度上含有着一层政治含义,要使中国感到:英国所签订的不是一个

---

① 夏燮:《中西纪事》,岳麓书社1985年版,卷一五。
② 金梁:《近世人物志》,北京图书馆出版社2007年4月版。

和约，而是一个征服的条约。"①中英《北京条约》承认《天津条约》完全有效，主要内容为：增开天津为商埠；割让九龙半岛南端之九龙司给英国；准许英国招募华工出口；赔偿英国兵费及商务亏损银八百万两。25日，奕䜣与葛罗亦于礼部大堂签订中法《北京条约》，并互换《天津条约》。中法《北京条约》除承认《天津条约》完全有效外主要内容有：增开天津为商埠；准许法国招募华工出口；任中国各处军民等传习天主教，赔还以前所没收之天主教堂、学堂、坟茔、田土、房屋，并允许法国传教士在各省租买田土，建造自便；赔偿法国军费银八百万两。31日，奕䜣将咸丰批准条约的谕旨告知英法特使。11月1日，法军撤出北京。6日，英军将安定门驻扎权交回清政府。9日，英军退出北京。11日，咸丰针对奕䜣等人奏请回銮，谕曰："虽已换约，然退兵后，各国夷酋尚有驻京者，亲递国书一节，既未与该夷言明，难保不因朕回銮，再来饶舌。诸事既未妥协，设使朕率意回銮，夷人又来挟制，朕必将去而复返，且恐京师人心震动，更有甚于八月初八日之举。朕本意暂缓回銮，俟夷务大定，再将回銮一切事宜办理。本年回銮之举，该王大臣等不准再行渎请。"咸丰已经完全被吓破了胆，一味沉湎于热河安逸的酒色生活中，好似与英法玩起了捉迷藏的游戏。14日，俄人趁火打劫，迫使清廷签订了中俄《北京条约》，借此强占了中国大量领土。26日，奕䜣照会英使，申明咸丰愿见各国钦差与否，均可自主，断无勉强之理。此后，奕䜣又将此意

---

①中国史学会主编：《第二次鸦片战争》六，上海人民出版社1978年版，第307页。

照会法使。英、法公使表示对此均无异议。这样，亲递国书问题方得以解决。

第二次鸦片战争整个过程中，咸丰始终缺乏决战的勇气和周密的部署，徘徊于战和两端。紧要关头，他却在圆明园庆祝30寿辰，在正大光明殿接受百官朝贺，并在同乐园连演四天庆寿大戏。在兵临城下的危急时刻，咸丰也没有身守社稷，全力守卫京师，而是逃之夭夭，还美其名曰"巡狩"。咸丰弃祖宗社稷、黎民百姓于不顾，只顾自己逃命，造成都城无主，百官皆散，军队丧失斗志，百姓极度恐惧的危机局面，从根本上动摇了对入侵者的继续抵抗，造成了后期的更加被动，致使清政府以极为惨重的代价与英法等国达成和约。丧权辱国的不平等条约使中国的半殖民地程度进一步加深，也使中国人民的灾难更为深重。议和后，咸丰仍然躲在避暑山庄，不敢回京。在遥远的塞外，他肆无忌惮地以女色、丝竹和美酒来麻醉自己。避暑山庄的烟波致爽殿，几乎每天都有戏班承应，有时安排花唱，中午还要有清唱，甚至在"如意洲"的水上戏台，凭水看戏，真是别具情趣。清末名士薛福成记载："和议即成，即召京师升平署人员，到热河行在唱戏。"咸丰已经乐不思蜀了，他从一个皇家园林逃向另一个皇家园林，王朝

咸丰皇帝

的黄粱美梦和圆明园神仙般的世界一同化成了灰烬，他所酷爱的圆明园也彻底变成了"失乐园"。而伴随着万园之园的毁灭，圆明园的主人——咸丰的生命也终于走到了尽头，咸丰十一年（1861年8月22日），他病逝于避暑山庄。

圆明沧桑

光绪二十六年（1900）前的遗址

圆明园被英法联军劫掠并野蛮焚毁，在这一破坏中，最主要的是掠夺无数珍宝与焚毁绝大多数建筑。但三园内还残存有少量建筑，如蓬岛瑶台、廓然大公、濂溪乐处、海岳开襟、绮春园宫门、正觉寺等。西洋楼虽被焚烧，但主体结构尚存。作为园林地貌基础的山形水系仍保留完好。此时的圆明园仍是皇家禁园，依旧设有总管等官员，清政府对它的管理没有实质放松。同治十二年（1873），清廷曾试图部分重修圆明园，但终因财力不足等原因而停修。这次重修工程因需要大量木料，反而拆除了部分幸存的建筑，此外，重修过程中的一些新规划或改建做法等也破坏了原有的园林格局及部分建筑基址。光绪时期，清廷曾陆续对圆明园双鹤斋、课农轩等景观进行过局部重修，慈禧太后和光绪亦曾多次从颐和园来圆明园游赏。

总观咸丰十年（1860）至光绪二十六年（1900）四十年间的遗址，尽管花木、山水、叠石、道路、桥梁及部分建筑和建筑小品均大体上完整如故，但绝大部分建筑已不复存在，三园内残垣断壁密布，到处野草野花，触目皆是一派"荒烟蔓草映寒流"的悲凉景象。山水花树的明丽与残毁建筑的凄凉之间形成了强烈而鲜明的对比。当时的残破景象，一方面暴露着破坏者的残暴，一方面透露着这一园林的优美动人，直观地、集中地展示了"美"与"美的毁灭"两种并存的状态。

20世纪初的遗址

光绪二十六年（1900），八国联军占领北京，慈禧太后挟光绪仓皇西逃。侵略军在北京烧杀掳掠，京城内外秩序大乱。战乱中，土匪、兵痞等趁火打劫，蜂拥而至圆明园，推倒残存建筑、拆运木料砖瓦、砍伐古树名木。历时数月，圆明园原幸存及经同治、光绪两朝修缮、重建的园林建筑，均遭彻底毁灭，大小树木被砍伐殆尽。

经过这次大规模破坏，圆明园除断垣残壁、巨石杂草和荒山剩水之外，幸存者仅有绮春园宫门、福园门及正觉寺几座屋宇。园内已是麦垄相望，如同田野了。

民国时期的遗址

光绪末年，清廷裁汰了圆明园一部分官员和太监，园内的稻田、苇塘租给园户们植种，皇室每年收取租金。1912 年，末代皇帝溥仪逊位，根据民国政府给予清室的优待条件，圆明园仍属皇室私产，溥仪小朝廷内务府所属的圆明园郎中、圆明园档房、圆明园司房总管太监，以及圆明园房地租办事处等负责管护圆明园遗址。1914 年，溥仪命裁减内务府官员，圆明园并入颐和园管理，但圆明园总管太监及天地一家春、福园门、课农轩、紫碧山房、长春园、绮春园等处首领太监，依旧带领园户看守。此时已无守园护军，只能依靠北洋政府步军统领衙门和中营副将的庇护。其间，管理人员不断地向溥仪内务府奏报园内遗物被攫取的事件，溥仪内务府也曾多次致函步军统领衙门等部门，请求予以制止，然而，这丝毫阻挡不了残存遗物遭到巧取豪夺或有组织地损毁，且长达数年之久，有人形象地称这次对园内石质类残余的转移与破坏为"石劫"。京畿卫戍总司令王怀庆从 1919 年起拆毁圆明园内外围墙和石材，并令中营副将鲍维翰亲自督办，历时三载，在圆明园福园门外修建成私人花园——达园。由此，北洋政府大小衙门有权势者、驻军、洋人等都蜂拥而至，盗运园内遗物的车辆络绎不绝。步军统领聂宪藩，本负保护遗址之责，他却近水楼台，由中营副将协助从长春园拉走太湖石 352 车，以供私用。京师宪兵司令车庆云、政府要员王兰亭等人，也都经过聂宪藩应允从园内运走大批石料。大军阀曹锟担任巡阅使期间，为修其保定巡阅使署等处花园，从文源阁拉走大量太湖石经由火车运往保定，王怀庆、鲍维翰还亲自安排武装人员负责押运保护。1922年，时任北京地方长官"京兆尹"的刘梦庚着人致函溥仪内务府，声称"借用"圆明园"少许"废弃山石，内务府立即报告醇亲王载沣，载沣以"该园太湖石应加意保护，碍难拨借"为由，未予同意，但刘梦庚仍派人强行运走大量石料，溥仪内务府无奈之下求助于王怀庆，亦于事无补，刘梦庚最终从圆明园强夺太湖石623车、云片石104车。驻守海淀西苑的陆军十三师、十六师和边防军炮兵营，在1919年至1922年间，多次派人强行拆毁圆明园西大墙、北大墙和舍卫城的城砖及园内山石，拉运砖石出售，管理人员劝阻反遭辱骂殴打，经溥仪内务府致函步军统领衙门查禁仍然如故。1925年，美国教会学校燕京大学修建校舍，擅自起运安佑宫巨型华表和石麒麟等石构件，经北郊警察分署署长现场劝阻也无济于事。一些公共机构如颐和园、中山公园、北平图书馆等，也纷纷运走大批石刻、太湖石和云片石等。在这场旷日持久、巧取豪夺的石劫之中，除西洋楼遗址外，其余圆明三园遗址上残存的碑碣、石坊、石雕、石刻以及其他石料几乎被抢运殆尽。当时的破坏虽主要集中于石料砖瓦，但也有拆毁个别残存建筑的情况，如香山慈幼院1927年拟建香山中学，低价购得绮春园新宫门一组幸存建筑，拆运木料砖石，砍伐古树，该宫门区被夷为平地。1928年，北洋政府垮台，同年8月，北平特别市政府成立颐和园事务所，圆明园遗址归其代管，10月，成立了清理圆明园园产事务所。此后，圆明园遗址又遭到更加有组织的损毁。为修筑高梁桥经海淀至玉泉山的公路，北平特别市政府先后下令拆毁了圆明三园 4800 米南墙和长春园东侧的全部虎皮石墙，砸成碎石以作石渣之用。政府当局同意将园内所谓"废旧砖石"变价批卖，大宫门外的影壁被招商投标卖掉；西洋楼部分石构件被卖给商人修建绥远省阵亡将士碑。当局还明文规定：圆明园内所有虎皮石均可出售；西洋楼故址之大理石、青条石，凡"雕花粗镂"者亦可出售。1934 年，国民政府行政院指令将圆明园遗址拨给清华大学办"农事试验场"，后因卢沟桥事变，而未大规模实施。日伪时期，伪市公署专门设置了砖石收集处，附近贫民因饥寒所迫，时往圆明园窃取砖石，此举给遗址带来了严重的挖掘和盗取。

民国时期，圆明园石料主要流散在北京地区，如颐和园、中山公园、燕京大学、北京图书馆等。京外地方，如保定、苏州等也散落有不少圆明园石料。这一时期，遗址上的居民除原有的八旗园户外，自 1917 年前后开始陆续有汉民入园居住和种植，对遗址而言，这也是一个相当严重的破坏因素。

中华人民共和国初期的遗址

1949 年后，圆明园遗址仍由颐和园管理部门代管。周恩来、彭真等领导对遗址保护做出明确指示，各级政府针对遗址保护也制定了一些规定和措施，并付诸行动。但由于长期缺乏管理，且没有专门的管理机构，加之中华人民共和国初期百废待举，圆明园遗址在得到初步保护的同时，仍然遭到了一些人为的破坏。

"文化大革命"时期的遗址

"文化大革命"期间，社会混乱，无政府主义泛滥，圆明园遗址再次遭到较严重的破坏，部分建设基址被拆毁，多处山形水系被掘平、大片绿地被侵占，数万株树木被砍伐，大小 20 余个居民点相继形成，一些单位也陆续进驻园内。挖山填湖，取石建屋，侵占土地，盗伐树木等现象经常发生。这次破坏可称之为一场"土劫"。至此，作为三园造园根本要素的山形水系已面目全非，尤其圆明园、绮春园，俨然是颇有规模的多个居民村落，在遗址上，已较难看出盛时的轮廓。

"遗址"变迁史的启示

经过入侵者的野蛮破坏，以及其后的沧桑变迁，一代名园沦为了一片废墟。"断碣残碑，都付与苍烟落照"，六代繁华，条条辇路，只剩一片荒草凄迷。圆明园彻底荒废了，只有它劫后的残骸，在接受着人们的凭吊，呼唤着历史的反思。纵观圆明园遗址百余年的变迁史，可以看出，圆明园沦为废墟是一个渐进的过程，主要包括咸丰十年（1860）英法联军对圆明园内不计其数的珍宝的掠夺和对园林建筑的焚毁，光绪二十六年（1900）八国联军侵入北京的战乱所造成的对园内残存建筑和古树名木的大规模破坏，清末民初军阀、奸商等对园内残存石构件的掠夺和破坏，"文化大革命"时期对园内山形水系的严重破坏。这五次大规模的破坏也被一些研究者形象地称为"洗劫""火劫""木劫""石劫""土劫"。其间，园内又陆续进入了大量的农民、驻园单位等，由此所带来的生活垃圾、工业垃圾以及农业生产对遗址的破坏也是触目惊心的。在五次破坏中，英法联军洗劫园内无数珍宝，焚毁园内绝大多数建筑，无疑是最野蛮、破坏性最大的，他们摧毁中华文化结晶，肆意践踏人类文明成果，将永远地被钉在历史的耻辱柱上。但是，由于历史发展演变的复杂性，以及人们认识问题的局限性，国人有意无意间对文化遗址所造成的次生破坏，也是令人遗憾的，其中的教训，值得后人加以吸取。

圆明新生

1949年后，如何积极抢救、妥善保护、科学整修和有效利用圆明园遗址这一珍贵的历史文化遗产，充分发挥其政治、历史、文化、艺术价值和爱国主义教育功能，一直是各级党和政府及社会各界十分关注的问题。经过艰苦奋斗和不懈努力，圆明园的盛时空间范围得到恢复，山形水系和部分建筑得以修复，重要遗址得到整修，出土文物研究和流散文物调查工作日益得到重视，圆明园的文物保护、园林建设、学术研究、文化传播、旅游事业和产业发展都取得了可观的成果。

圆明园遗址公园已经成为首都北京重要的历史文化遗产、旅游目的地、游览休憩场所和大型公共文化空间，具有多重身份、多元价值和多种功能，圆明园遗址公园先后获评全国重点文物保护单位、国家级爱国主义教育基地、北京市国防教育基地、国家AAAA级旅游景区、国家考古遗址公园，并入选"新北京十六景"。盛时圆明园的空间范围已基本全部开放，全园可大体划分为绮春园、长春园、西洋楼、福海、九州、西北等6个景区，圆明园不仅获得了新生，而且具有崭新的时代魅力。

复兴之路

筚路蓝缕——遗址保护的起步（1949—1976）

1951年，北京市人民政府下令禁止任何机关移用圆明园石块。1960年，海淀区公布第一批古建文物保护名单，圆明园西洋楼残存石雕及散失在朗润园的五块刻石列于其中。1964年，海淀区成立专业绿化队，圆明园遗址归其管理。1973年，海淀区在圆明园遗址召开现场会，明确规定不许擅自砍伐园内树木、不许挖山取土、不许挖掘砖石和随便建房。

中华人民共和国成立初期，周恩来总理曾三次力保圆明园遗址。特别是在 1951 年，他叮嘱都市计划委员会副主任梁思成："圆明园要保留，地不要拨用了。帝国主义把它烧毁，以后有条件，我们还可以做些恢复。"1953 年，周总理又及时否定了中央党校拟在圆明园选址建房的方案，并对主持党校日常工作的副校长杨献珍说："圆明园这地方，总有一天会整理出来供国人参观的。国耻勿忘，圆明园遗址是侵略者给我们留下的课堂。"正是由于周恩来总理的高瞻远瞩，以及彭真同志对保护圆明园遗址和遗物的多次关照，才使得圆明园遗址在首都建设用地日趋紧张的情况下，而能比较完整地保留下来，成为后来开辟遗址公园的根本基础。但遗憾的是，圆明园遗址在得到初步保护的同时，"文化大革命"期间也遭到一些较严重的人为破坏。

探索中前进——遗址公园的开辟（1976—1988）

1976 年 11 月，圆明园管理处成立，圆明园遗址有了专门的维护与管理机构，遗址保护、园林建设开始有了明显进展。1977 年 10 月，管理处将流散于北京大学朗润园的观水法五块石雕巨屏和两件汉白玉方塔，运回园内并原位归安。百余年来，圆明园的建筑残件一直处于被运走和破坏的状态中，这是破天荒的第一次将失散遗物运回园内。1979 年 11 月，"圆明园园史展览"在西洋楼遗址区推出，受到游人的认可。一代名园的兴建史、残毁史、昔日状貌和遗址现状等基本轮廓，得以较为形象地展现在世人面前。

1979年5月，谷牧副总理视察遗址。8月，北京市政府公布圆明园遗址为北京市文物保护单位。1980年是圆明园罹劫120周年，中国建筑学会历史学术委员会于8月召开了全国性的"圆明园学术讨论会"，会议决定成立"中国圆明园学会筹委会"，发起"保护、整修及利用圆明园遗址倡议书"签名活动。随后，中国圆明园学会筹委会又在人民大会堂和故宫博物院多次举办圆明园学术研讨会、纪念会和历史资料展陈活动。"倡议书"也得到了宋庆龄、习仲勋、沈雁冰、许德珩、张爱萍等领导同志、专家学者及社会各界1583人的积极支持，保护、整修及利用圆明园遗址的社会活动得以全面展开。1981年8月，北京市人大40名常委视察遗址，建议"迅速采取措施，开辟圆明园遗址公园"。10月，北京市政府责成海淀区负责遗址公园开辟工作。1983年，经党中央、国务院批准的《北京市城市建设总体规划方案》把圆明园遗址规划为遗址公园，进一步明确了遗址的发展方向。同年，北京市政府决定成立"北京市圆明园遗址公园筹建委员会"，由副市长白介夫任主任（该筹建委员会1986年更名为建设委员会，相继牵头的副市长有陈昊苏、张百发、何鲁丽、汪光焘等）。与此同时，市政府下拨专款40万元，用以修复长春园围墙。"以木为本、以水为纲"成为建园的基本

全国文保单位保护标志

圆明园遗址公园试开放

指导思想，遗址保护与园林建设取得阶段性成果。但是由于历史原因，遗址内尚有农耕地 2000 余亩，农民的出路问题颇为棘手，成为遗址公园建设所面临的一大难题。1984 年，圆明园管理处与园内农民达成联合协议：由国家与农民按照统一规划共同开发建设遗址公园，开发中涉及的农户劳力，由联合开发公司安置从事种养业和服务业，开发建设中需占用农田时则不发补偿费。这是既不给政府增加负担，同时能让农民安居乐业，而又于遗址公园建设极为有利的好办法，从而使遗址保护与整修事业迈出有决定意义的一步。1984 年 12 月，福海景区整修开工。继而，绮春园的山形水系又得到整修。为满足参观游览和旅游服务的基础需要，又修复了绮春园新宫门和西洋楼欧式"迷宫"。经一系列艰苦工作，遗址公园得以初具规模。1988 年 1 月，圆明园遗址被国务院公布为第三批全国重点文物保护单位之一。6月,遗址公园对外开放。

稳步发展——《圆明园遗址公园规划》的诞生(1988—2000)

1990年10月,由江泽民同志题写片名的大型文史纪录片《圆明沧桑》首映式在京举行。1991年7月,北京市政府发布《关于严格控制颐和园、圆明园地区建设工程的规定》。1992年12月,长春园山形水系整修工程启动。1993年3月,国务委员李铁映视察圆明园,并主持会议研究遗址保护、整修及利用问题,会议决定:对圆明园遗址要坚持"保护为主,抢救第一"的方针,当务之急须尽快把遗址内的单位和住户搬迁出去。4月3日,李铁映再次指出:圆明园的问题,首先要把围墙修起来,住户搬出去。12月,著名爱国人士曾宪梓捐款800万元人民币用于圆明园遗址保护。1993年,国家还收回了盛时圆明三园所属全部土地的使用权。1994年4月2日,江泽民等中央领导到圆明园遗址公园参加义务植树活动,江泽民指出:"中国在近代一百来年间备受列强欺凌。新中国成立后,中国人民站起来了。圆明园为什么叫遗址公园,这就是要让大家看到这颗灿烂的东方文化明珠,当年被外国强盗毁坏的惨痛历史,给人民以爱国主义教育。现在我们把它绿化起来,进行整建,就是要让全国人民和外国友人看到我们国家的发展变化。"1994年至1999年,遗址公园全面复建围墙，共修复内外墙 10700 延长米。1996 年，圆明园遗址被国家教委等六部委命名为"全国青少年爱国主义教育基地"。1997 年，圆明园遗址被中宣部公布为"全国百佳爱国主义教育示范基地"之一。1998 年 11 月，圆明园遗址被北京市国防教育委员会命名为"北京市国防教育基地"。

1999 年，北京市政府责成北京城市规划设计研究院编制《圆

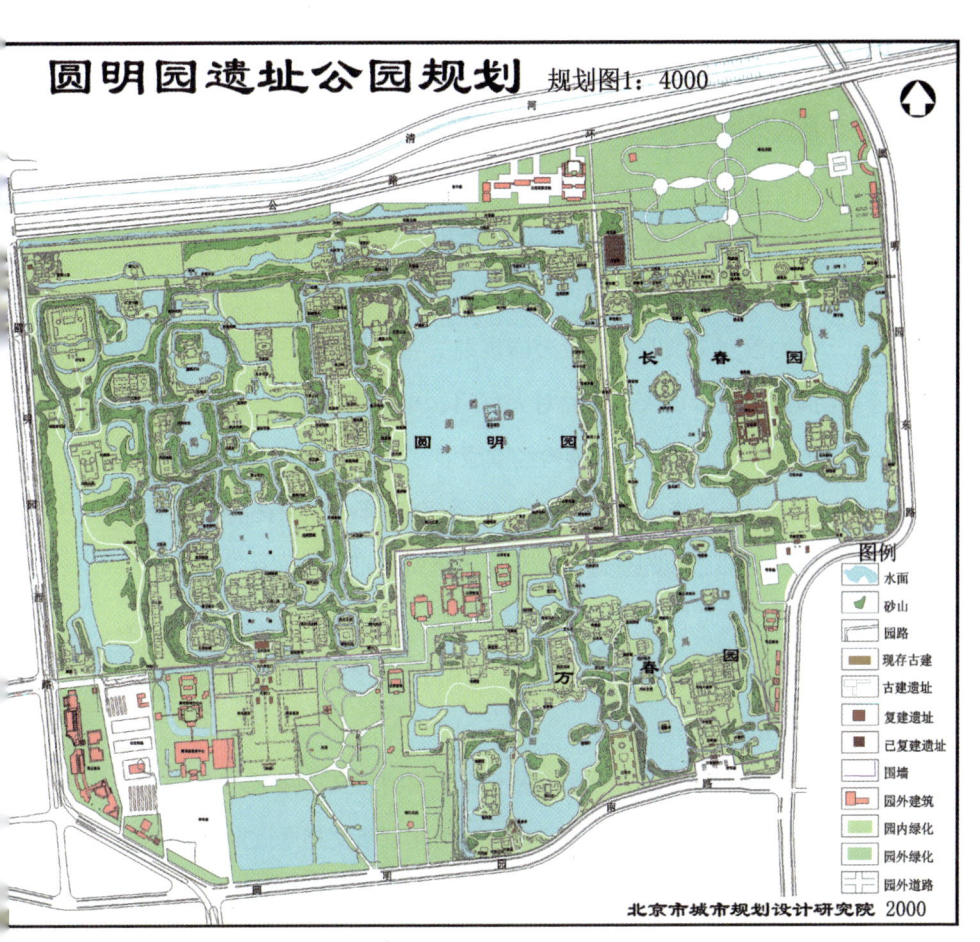

圆明园遗址公园规划图（2000年）

明园遗址公园规划》。2000年9月、2001年12月,《圆明园遗址公园规划》方案分别获国家文物局和北京市政府的批复同意。《圆明园遗址公园规划》对遗址公园的性质与功能有了明确定位,在此基础上所确定的遗址保护分类和功能分区,遗址保护规划和遗址公园整修规划,清晰明确,符合实际需要。《圆明园遗址公园规划》是对多种意见进行整合的一种成果,凝聚了多方专家的智慧,体现了社会各界的共识,代表了一代人的认识水平,是一个定位准确、内容全面的规划,成为圆明园遗址保护和公园建设的基本依据。

全面发展新模式——国家考古遗址公园(2000—)

为落实《圆明园遗址公园规划》,各级政府对圆明园遗址的保护力度逐步加大。先后对大宫门、九州清晏等28处遗址进行考古调查、勘测,并开展含经堂遗址、长春园宫门遗址的考古发掘和正觉寺的修缮工程。2000年至2002年,国家在前期征用遗址公园全部占地的基础上,又投入巨资,把园内居民2000多人迁出。紧随其后,驻园单位的搬迁被提上了议事日程,至2008年,除101中学暂缓搬迁外,其他驻园单位均已搬迁,基本实现了"迁出去"的目标。

2006年3月和4月,《关于启动圆明园文物回家大型文物保护工程的请示》分别获国家文物局和北京市文物局批复同意。与此同时,戴逸、侯仁之、罗哲文等23位著名学者联名发出了《圆明园散落文物回归圆明园遗址倡议书》。2007年6月8日，圆明园流散文物回归首归仪式举行，首批社会规模捐赠的汉白玉石鱼等十余件石质文物回归园内。2006年，国家发展改革委和国家文物局公布"十一五"期间100处国家重点大遗址保护专项名单，圆明园遗址入选其中。2006年4月，中共中央政治局常委李长春视察圆明园遗址，李长春指出："文物的保护、发掘、管理和利用，是展示和传承中华文化，维护世界文化多样性的重要方面，并强调要把文物的保护利用与爱国主义教育、旅游开发和城乡建设有机结合起来，充分展示中华民族的灿烂文明，增强民族自尊心、自信心、自豪感，发展壮大文化事业和文化产业。"2008年7月，盛时圆明园最为核心的九州景区经集中整修后向社会开放。同年，圆明园还成功举办了第22届中国荷花展。2008年10月，圆明园遗址公园被国家旅游局评为国家AAAA级旅游景区。2009年5月，圆明园荷花节被北京市公园系统评为"十大品牌文化活动"之一。2009年10月，圆明园遗址公园入选"新北京十六景"，成为代表首都魅力的16张名片之一。2010年10月，社会各界隆重纪念圆明园罹劫150周年，在世界范围内引起了极大反响。同月，圆明园遗址公园被国家文物局评为全国首批12家国家考古遗址公园之一，圆明园大遗址保护和遗址公园建设由此开始进入国家考古遗址公园全面建设的新阶段，建设具有世界影响力的圆明园国家考古遗址公园成为新的目标。

故园新貌

经过多年发展,圆明园遗址的状况发生了根本性改变,历史文化研究、文物遗址保护、生态环境建设等多方面均取得了丰硕成果,这些都为进一步实行科学保护、依法管理积累了宝贵经验,为遗址公园的可持续发展奠定了基础。圆明园的建筑虽早已消逝,但是其精华所在的河湖体系和部分堆山叠石遗迹仍然存在,地形

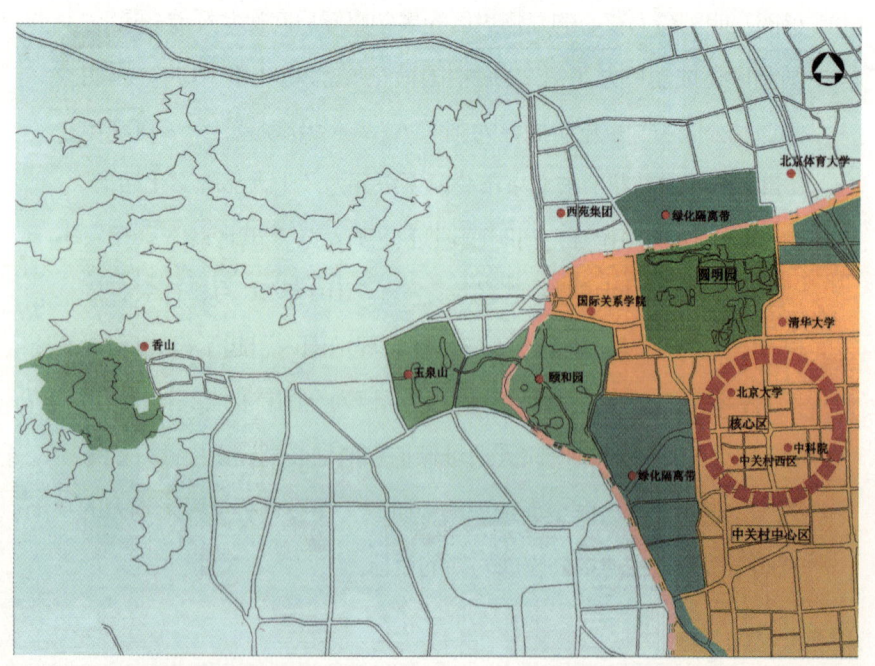

圆明园(遗址公园)区位图

地貌尚可辨认,原有的水系基本得以恢复,绝大部分遗址也陆续得以整理,圆明园遗址逐渐成为一处集多种功能于一体的大型文化遗址公园和公共文化空间。

遗址公园尽管没有宏伟壮观的景色,但盛时的园林格局大体存在,开放区内的山形水系已基本恢复了历史原有风貌,既有浩瀚的福海,又有亲切可人的湖泊与山水环绕的河溪,再现了山水相依、烟水迷离的景致。既有洋溢着大自然气息的山林野趣,又富有遗址园林的特色,是难得的游览休憩佳处。园内绿化,按原有的植物配置,初步形成了以松、竹、柳、荷为主题的植物景观,数十万株树木蔚然成林,季节性花卉如霞似锦。一些重要遗址得到保护整修,复建的少量园林建筑如绮春园新宫门、鉴碧亭、正觉寺及长春园宫门、西洋楼欧式迷宫等重现昔日光彩;数十处假山叠石仍然可见;部分建筑的基址尚可找到,如"方壶胜境""蓬

圆明园银杏大道(张楠摄)

岛瑶台"的房基显而易见,"三潭印月""狮子林"尚能看出昔日轮廓,"舍卫城"高而厚的土墙还立于原地。岿然屹立的西洋楼遗址残迹更是引人注目。整个遗址公园已形成了以西洋楼为代表的宏大遗址群落,给人以深刻的历史启迪。"吴宫花草埋幽径"的格调,符合遗址园林的气质,给人一种沧桑感和关于历史的强烈震撼。游客们可在水域辽阔的福海荡桨畅游,也可漫步林间,或登高览胜,或自由地欣赏优美、宁静的景致,都能在其中得到乐趣。

绮春园景区

绮春园是圆明三园建筑恢复最多、环境恢复较好的园子,除交通方便外,还具有与清华大学和北京大学相毗邻的地缘优势。小溪、拱桥、亭台、植被都基本恢复了原有格局。绮春园宫门及迎晖门已修复,并作为遗址公园正门接纳中外游客。正觉寺、鉴

绮春园宫门(修复)　　　　鉴碧亭(修复)

凤麟洲遗址（刘继文摄）

正觉寺三圣殿（修复）

碧亭、浩然亭也已完成修复，由此可见昔日的风采。从涵秋馆、春泽斋、凤麟洲、天心水面、庄严法界、展诗应律、松风萝月等清整后的代表性遗址依稀可见盛时的园林风貌。历经浩劫后的石拱残桥极为醒目，见证了历史烟云和世事沧桑，成为游客驻足之地。

长春园景区

长春园的山形水系也已基本恢复原有风貌，长春园宫门得到修复，含经堂遗址已经考古发掘并进行保护性开放，狮子林、泽兰堂的叠石遗址给人以视觉冲击，狮子林的众多石刻别具文化内涵。每逢夏季，海岳开襟周边是大型荷花观赏区域，游客可乘船欣赏荷花和湖边优美景致。长春园水面面积占该园面积的三分之二，水域的宽度大约都在一二百米之间，适于随处观赏周边的景

长春园宫门（修复，刘继文摄） 　　含经堂遗址

虹桥遗址 　　泽兰堂堆山遗迹

物。长春园的整体布局极为合理,用来分割水面的洲桥岛堤错落有致,疏朗和谐,徜徉其间,可领略中国古典园林艺术的精妙。

西洋楼景区

西洋楼遗址现已基本能反映出盛时轮廓,形成了鲜明的今昔对比。曾散失园外的观水法石雕屏芯及汉白玉石塔,谐奇趣菊花式喷水池均已在原址复位。万花阵阵墙及中心欧式石亭得以复建。海晏堂大型贝壳式浪花石雕及蓄水楼海墁高台、方外观的石雕方柱、远瀛观和大水法的雕花残柱及造型奇特的石龛,仍巍然屹立于原址,成为多数人心目中的圆明园形象,人们从中可以想象出西洋楼昔日的壮观景象。走进位于西洋楼景区的圆明园展览馆,观众可对圆明园文化有更多的了解,并通过精心布置的展览受到历史启迪和爱国主义教育的熏陶。

大水法遗址

福海景区

　　如今的福海,碧波荡漾、岗阜叠翠、小桥约略。虽然当年的园林佳景已不复存在,但从周边的建筑基址、叠石山洞,以及山水峭崖中,仍不难想见曾经美妙的园林图画。被誉为"镜中蓬岛标诸胜"的蓬岛瑶台,已修复部分建筑,成为福海中心的点景。方壶胜境前部的倒"山"字形建筑基址突出水面,引人注目。廓然大公怪石嶙峋的堆山遗迹,可以让人领略中国假山艺术的匠心独运。当风和日丽之时,伫立福海东岸,西山远景映入眼帘,中国古典园林的借景手法在此运用得恰到好处。

蓬岛瑶台遗址(宋会刚摄)

九州景区

九州景区是盛时圆明园景色最美的中心区，现在该区域的山形水系已基本恢复原有风貌，游客可在此参观、凭吊御园最核心的九州遗址。如意桥、南大桥、棕亭桥、一孔桥和碧澜桥已经复建，成为游客驻足赏景的理想之处。模拟杭州玉泉观鱼的坦坦荡荡金鱼池结构清晰，流连其间，不难想象清帝观鱼的意境。杏花春馆的叠石山洞依然耸立，丰富着景观内涵。上下天光的建筑基址和盛时格局依稀可辨。碧桐书院土山围合的遗址空间，营造了异常宁静的小环境。进入镂月开云，可观赏百年牡丹，凭此亦可遥想当年康雍乾祖孙三代天子同赏牡丹的场景。

棕亭桥（修复）

西北景区

西北景区近年来已完成环境整治和旅游配套设施建设,并对外开放。该区域占地100余公顷,优美秀丽的山形水系与花草树石,及修复一新的廊、桥等散点建筑穿插组合,相映成趣,代表性地体现了中国人文山水的美学境界。紫碧山房的叠石堆山、文源阁的太湖石残迹、舍卫城高大的城墙遗迹给游人以视觉冲击。万方安和、濂溪乐处、武陵春色、月地云居等遗址使昔日的园林格局得以基本展现。借助于图文并茂的景点说明牌、语音讲解等参观解读系统,人们也能够对盛时的园林风貌、历史文化有一定的了解和感悟。

万方安和遗址(刘继文摄)

参考书目

中国史学会主编,《第二次鸦片战争》,上海:上海人民出版社,1979

舒牧等编,《圆明园资料集》,北京:书目文献出版社,1984

中国第一历史档案馆编,《圆明园》,上海:上海古籍出版社,1991

《圆明沧桑》编辑委员会编,《圆明沧桑》,北京:文化艺术出版社,1991

张恩荫,《圆明园变迁史探微》,北京:北京体育学院出版社,1993

何重义、曾昭奋编著,《圆明园园林艺术》,北京:科学出版社,1995

张恩荫,《圆明大观话盛衰》,北京:紫禁城出版社,1998

王道成、方玉萍编,《圆明园——历史现状论争》,北京:北

京出版社，1999

（法）伯纳·布立赛，《1860：圆明园大劫难》，杭州：浙江古籍出版社，2005

汪荣祖，《追寻失落的圆明园》，南京：江苏教育出版社，2005

陈从周，《园林清议》，南京：江苏文艺出版社，2005

张宝章，《海淀文史——京西名园》，北京：开明出版社，2005

周维权，《园林·风景·建筑》，天津：百花文艺出版社，2006

中国圆明园学会主编，《圆明园1~5》，北京：中国建筑工业出版社，2007

王道成主编，《圆明园重建大争辩》，杭州：浙江古籍出版社，2007

郭黛姮，《乾隆御品圆明园》，杭州：浙江古籍出版社，2007

郭黛姮主编，《远逝的辉煌——圆明园建筑园林研究与保护》，上海：上海科技出版社，2009

圆明园管理处编著，《圆明园百景图志》，北京：中国大百科全书出版社，2010

后 记

2006年7月我进入圆明园管理处工作,彼时,甚嚣尘上的"圆明园防渗事件"在媒体上已经沸沸扬扬了一年之久,引发了一场旷日持久的舆论风暴,使得圆明园话题一时十分敏感,正是在这种令人难以忘怀的舆论氛围下,我走进了圆明园。2016年6月我调动工作,离开了圆明园,这其间整整十年。十年说长不长说短不短,我目睹了圆明园的发展变化,同时也参与了一些具体工作,现在想来都很有感触。这十年是圆明园快速发展的十年,长足进步的十年,我为自己能参与其中而感到骄傲。

十年间,我一次又一次地惊叹于圆明园无与伦比的艺术成就、博大精深的文化内涵和举足轻重的政治地位,痛心于圆明园坎坷、多劫的凄惨经历,也为中华人民共和国成立以来有识之士们经过千辛万苦的努力而能为子孙后代保留下这一文化大遗址而感到无比自豪。可以说,圆明园遗址是中国众多大遗址中,原址保护、历史文脉得以不间断延续的典范。遥想当年雍正的苦心孤诣、乾隆的盛世风流、嘉庆的勉力维持、道光的内心焦虑、咸丰的彷徨无助,不由得令人报以同情之理解,尽管圆明园也意味着剥削和腐败。圆明园的屈辱和苦难是折射着近代中国社会艰难转型的慷慨悲歌,圆明园的永续保护和科学利用,更体现着中国人的民族情感、历史责任和文化视野。圆明园见证着300多年来中华民族的光荣与梦想、耻辱与忧伤、新生与展望,能与圆明园结缘,我深感无比荣幸。

在圆明园工作期间,我主要是从事文物保护、文化研究及展览展示等方面工作,工作之余,也一直在不停地观察、讨论、触摸、思索着圆明园,与之相关的阅读和学习也从未间断。自己对圆明园的认知,以及与之俱来的感情均日渐加深,某种程度上说,这种认知和热爱,是包含感性和理性两个层次的。十年间,我陆续参与了数十本圆明园图书的出版工作,撰写了一些学术研究、发展思路、缅怀回忆等方面的文章,也出版了《家国天下——圆明园的景观、政治与文化》(中西书局)和《圆明园史话》(中国大百科全书出版社)两本个人专著。

2017年11月,经德高望重的张宝章先生推荐,《京华通览》丛书编委会决定由我来承担《圆明园》一书的撰写工作,于我而言,这既是一种鼓励,也是一份责任。张宝章先生是我特别尊敬的学术前辈,多年来我就是从他的众多经典著作中学习、了解京西园林,并逐渐对三山五园和海淀历史文化有了基本的认识,在本书的写作过程中,又多次得到先生的指点和鼓励,这些都值得感恩和铭记。我还要感谢北京市地方志办领导谭烈飞先生、北京出版社领导于虹老师及王岩女士的指导、支持和帮助,他们的人文情怀、工作精神和专业水平令人钦佩。在此,我也要向恩师黄兴涛教授和中国人民大学清史研究所清代皇家园林研究中心的众多专家学者,以及昔日在圆明园工作时的领导和同事们,表示我最衷心的感谢,大家对我的关怀和帮助,想起来都是那么美好。

"圆明园学"博大精深,任重道远,魅力无限,我愿意持续做一个永不懈怠的学习者和探索者。由于本人能力及水平所限,本书一定存在一些缺憾或错误之处,敬请方家和读者批评指正。

张　超

2017 年 12 月